創造力と
デザイン
の心得

5年後の"必要"をつくる、
正しいビジネスの創造計画

テックファーム株式会社
エグゼクティブ・プロデューサー　天野晴久

ワニ・プラス

毎道デマ
ジャン
の小指

ら宇義の「尊重」をつらぬく、
正しいイェスの伝道計画

天理恵人

創造力とデザインの心得

5年後の"必要"をつくる、
正しいビジネスの創造計画

天野晴久
テックファーム株式会社
エグゼクティブプロデューサー

ワニ・プラス

本書の内容に関するご質問、お問い合わせ先

メール：h-amano@seitendo.com（天野晴久）
電　話：03-5365-7888（テックファーム株式会社：代表）
サイト：http://www.techfirm.co.jp

CONTENTS
目　次

はじめに　　　　　　　　　　　　　　　　　　　　10

- 氾濫する「デザイン」という言葉
- 「デザイン」に対する違和感
- 「デザイン」とは何だったのか
- どうすれば、本来の意味での「デザイン」を実現できるのか
- 今まで解釈していた意味での
  「デザイン」という単語をいったん忘れてください
- 日本には、もともと近代デザインに近い価値観がある

| Column | 創造的思考が苦手な現在の日本と、「コト」のデザインの不在 | 27 |

第1章 「デザイン」のリセットが必要な理由　31

わたしたちは今、デザインを必要としている　34
- どうして、今、創造力（デザインする力）が必要なのか
- 近代デザイン誕生の背景と、日本の失われた30年
- 「答え合わせ思考」に陥らないために

デザインとデザイナーの誕生　44
- 仕事としての「デザイン」が生まれた背景
- モノづくりを救う「デザイン」
- 職能としての「デザイナー」の誕生
- デザインにおける「モノ」と「コト」

デザインとは何か　61
- 「デザイン」の定義
- 「デザイン」という言葉の語源
- 「デザイン」をあらためて定義しなおした「近代デザイン」の成立
- 仕事として見たときの「デザイン」

- 「デザインする」とは、実際には何をすることなのか
- デザインとエンジニアリングの役割分担
- 「これはデザインなの？」という違和感
- デザイナーとエンジニアの違い
- 「デザインとエンジニアリングを明確に区別する」という提案

第 2 章　デザイン（創造）に必要なこと　81

デザインの基本　83

- 「問題」と「課題」を区別する
- 問題と課題の違い
- 「課題」と「答え合わせ思考」に引きずられると「問題」は見えなくなる
- 問題にフォーカスし、創造的な思考を進める
    メガネ業界の例／銀行業界の例
- 思い込みからアイデアを解放する試行錯誤

- 試行錯誤（プロトタイピング）での失敗は、成功の種
- 正しくデザインされたモノゴトは、失敗を成功に変える
- デザインのゴールはイノベーション
- 創造か進歩か

「問題抽出」のポイントは「知らない」に向き合うこと　110
- すべての問題の要因には「知らない」がある
- 「知らない」ことで起きる問題とは
- 「知」の3段階レベル
    知の第1段階：知っている／知の第2段階：理解している／
    知の第3段階：認知している
- 知の段階によって、思考は違ってくる
- SAGで「問題」と「課題」の違いを見極める
- 問題へのフォーカス
- UXは「利用者が障害を解決している場面」ととらえよう

「モノを売る」ことと「デザイン」の共存　130
- 「儲け」という観点との付き合い方
- 「モノ」に縛られない
- 世代間の断絶を超えて

デザインの落とし穴 138

- ゴッド・コンプレックスとデザインの実践感覚
- パクリはNG、応用（インスピレーション）は必要

| Column | 近代デザインと日本の伝統文化の思想 | 150 |

第3章 創造力を鍛えるにはどうすればよいか 161

日常生活で創造的思考を鍛える 163

- デザインに必要な思考とは

5つのテーマに絞って生活する 168

- 自分のワーキングメモリを意識する
- ワーキングメモリとチャンクをつかいこなす
- テーマ設定できるチャンクの数は5つ

- 人工的に「アイデアが降ってくる」状態をつくる
- 創造的思考の鍛え方は、アスリートと同じ
- 日常生活でもできる創造的思考の鍛え方
    創造的思考訓練　参考例テーマ「クルマ」

因果関係よりも相関関係が重要 …… 182
- 可視化すべきなのは、因果関係ではなく相関関係

相関関係を見出し、仮説に落とし込む「情報デザイン」 …… 185
- 天気予報が「情報デザイン」である理由
- 相関関係を意識することを忘れない

常識との向き合い方 …… 189
- 創造力を奪う常識のフタ
- 常識のフタを外すコツ
    精神面でのコツ／技術面でのコツ

パラダイムシフトの匂いを感じ取る …… 197
- イノベーションとパラダイムシフト

- ▸ パラダイムシフトには匂いがある
- ▸ パラダイムシフトの嗅覚を鍛える歴史の掘り下げ
- ▸ 歴史の掘り下げ、参考例

専門能力と１万時間 209

- ▸ 専門的な能力を身につけるには１万時間取り組む必要がある
- ▸ １万時間取り組むか、プロと連携するか

本物に触れる 213

- ▸ 本物と劣化コピー
- ▸ 本物に触れると、モノゴトの本質を理解できる
- ▸ 身近にある本物

あとがき　221

はじめに

氾濫する「デザイン」という言葉

　近年「デザイン」という言葉がつかわれる場面が、どんどん多くなっています。さまざまな分野で、この単語を見かけたり、耳にしたりする機会は増えているのではないでしょうか。

　現在「デザイン」といえば、見た目の色や形、造形のことを指す言葉としてつかわれています。少し幅の広い解釈で「設計」を指すこともあります。しかし、「デザイン」という言葉に期待されていることは、明らかにそういう意味ではありません。もっと本質的なことを期待する言葉としてつかわれています。

　こうした齟齬がとりわけ顕著なのは、ビジネスの現場です。ビジネス創発、地方創生、組織改革などでもよく見られます。

　たとえばこうした言葉をご存知の方も多いでしょう。

- デザイン思考
- サービスデザイン
- ビジネスデザイン
- デザイン経営
- 組織デザイン
- システムデザイン
- UXデザイン
- Webデザイン

これらの用語は目新しいものではありませんが、かつては、それほど一般的なものではありませんでした。ところが、この15年ほどの間に急速に普及し、現在では、ごく当たり前の言葉のようにつかわれています。いわば「デザイン」というキーワードを加えるのが一種のトレンドのようになっているのが現状です。おそらく、こうした用語は今後も増えていくことでしょう。

　日本という国で、これほどまでに「デザイン」という言葉が注目されるようになった理由は明らかです。わたしたちの社会が抱える閉塞感を打ち破りたい。イノベーション（革新）を起こしたい。これまでの枠組みにとらわれない自由な発想をしたい。多くの人が、こうした想いを実現するカギが、デザインにあると考えているからです。

「デザイン」に対する違和感

　わたしがデザインと関わるようになったのは30年ほど前のことです。高校ではデザイン科に入学し、大学では美術学と教育を専攻しました。社会に出てからは、音楽業界や広告宣伝、ITなどさまざまな分野の仕事に関わりましたが、その根底には常に一貫してデザインがありました。

　そして、まったくの偶然ではありますが、この30年間は、ちょうど日本の「失われた30年」と呼ばれる時期と合致していました。世界が大きく変わった30年でもあります。変革をもたらしたもっとも大きな要因は、IT革命[※1]です。20世紀末に起こったこの技術革新は、かつての産業革命に匹敵するほどの変化をもたらし、能

動的に革新を続ける多くの人々をさらなる高みへと押し上げました。その一方で、受動的で、従来の仕組みから逃れられない保守的な人々は置いてけぼりになってしまったといえます。日本の産業界の致命的ともいえるほどの低迷は、この国がまさに後者であったことの表れではないでしょうか。

※1 「IT革命」や「The Information Age」など、時期や地域によって呼ばれかたは異なりますが、大きな変革の時期を表したいため、便宜上、本書では1995年以降のインターネットの一般化による、世界な社会環境の変化全般を指して「IT革命」とします。

世界企業の株式時価総額ランキング30年の推移

単位＝億ドル

	1989	
1	NTT	1,639
2	日本興業銀行	716
3	住友銀行	696
4	富士銀行	670
5	第一勧業銀行	661
6	IBM	647
7	三菱銀行	593
8	エリクソン	549
9	東京電力	545
10	ロイヤル・ダッチ・シェル	544
11	トヨタ自動車	542
12	GE	494
13	三和銀行	493
14	野村證券	444
15	新日本製鐵	415

1989年7月17日号の
The BUSINESS WEEK GLOBAL 1000より

→ 30年 →

	2019	
1	マイクロソフト	1兆122
2	アマゾン・ドット・コム	9,176
3	アップル	8,963
4	アルファベット	6,994
5	フェイスブック	4,279
6	アリババ・グループ	4,212
7	ジョンソン&ジョンソン	3,712
8	JPモルガン	3,593
9	エリクソン・モービル	3,168
10	ウォルマート・ストアズ	3,095
11	ビザ	2,862
12	バークシャー・ハサウェイ	2,826
13	P&G	2,744
⋮		
40	チャイナ・モバイル	1,824
41	トヨタ自動車	1,799

Yahoo!ファイナンス2019年6月12日の情報より

個人としてのわたしは、こうした時代を、強い違和感と戸惑いを抱きながら過ごしてきました。「猛烈な速度で変化し続ける世界」と「焦燥感は高まっているのに遅々として前に進めない日本」というギャップは、わたしだけなく、多くの人々が共有しているものだと思います。しかし、この30年間、このギャップが埋まることはありませんでした。現在の日本は、昭和の世界に最新のものを継ぎ接ぎしながら延命活動を続けているのが実情です。わたしたちはなぜ能動的に変化できないのでしょう。なぜ創造的なイノベーションを起こせないのでしょう。

　わたしがたどり着いた1つの解が「デザイン」でした。わたしたちは、本当の意味でのデザインをしてこなかったのではないか。それどころかデザインというものを誤解し続けてきたのではないか。それが結果として、社会や仕事というものを誤解することにもつながり、合理性の欠如した振る舞いを生んでいるのではないかという仮説です。

　たしかに言葉としての「デザイン」は、先にも述べたように多くの人がその必要性、重要性を説いてはいます。しかし、それは上辺だけにとどまっているのが実情です。ビジネスデザインを標榜する海外企業が成功させたサービスをそのままなぞったり、デザイン思考のツールをカタチだけ導入したりするのは、その代表的な事例です。

　わたしが見てきたなかでは、写真共有、SNS、電子決済やFinTech、IoTやAIなどが多かったように思います。

　海外で流行りのテクノロジーをそのまま輸入し、扱うテーマに

少し手を加え、日本語化した、というだけで終わってしまいがちです。

和製インスタグラム、和製フェイスブック、和製お釣り貯金、和製機械学習など、和製ツールとして用意すれば魔法のように機能すると信じて疑わないものが多いのです。

どれもサービスが生まれた文化的背景を考慮せず、表面的な機能や表現をそのままなぞるだけで、それをつかう人の必要性や都合を見ていません。

あくまでビジネス都合での「新商品」として提供されてしまうので、利用者からするとなかなか自分ごととして受け入れられません。文化背景が異なれば、必要性も異なり、サービスは機能しなくなります。

こうしたプロジェクトで常に感じる違和感は、真剣に取り組みつつも「どうやって売るか」「どうやってつくるか」に終始してしまい、「なぜ利用者に必要なのか」に向き合いきれていない点です。

社会の問題を解決し、新しい未来の生活を創造するのがデザインですが、ビジネスの場ではこの部分をついつい忘れがちです。

本当の意味でのデザインは、まだこの国には浸透していないのではないか。わたしには、そう思えて仕方がないのです。

わたしたちが目指しているのは、40年以上前に終わった高度経済成長社会を維持し続けることではありません。現在、そして未来を生きるために必要な価値や合理性と向き合い、「新しい価値とモノゴトの創造」をおこなう「成長する社会」をつくることでは

ないでしょうか。それは、つまり「デザインが機能している社会」なのです。

経済中心社会と人間中心社会

経済中心社会
経済を中心に社会が構成されると、利用者である「人」と「必要性」が蚊帳の外に置かれてしまう

まず商売を土台に考えてしまう

人間中心社会
人が中心に戻れば、あらゆるモノゴトが「必要性」で繋がる豊かな社会と経済が成り立つ

人の生活に必要であれば社会と経済は発展する

POINT

- ☞ 日本はまだ、失われた30年から抜け出せていない。
- ☞ 猛烈な速度で変化し続ける世界に対し、焦燥感はあっても前に進めない日本。
- ☞ 海外のデザインを上辺だけ導入しても機能しない。
- ☞ 社会の問題を解決し、新しい未来の生活を創造するという部分を忘れがち。

「デザイン」とは何だったのか

古くから、デザインとは「モノゴトの創造の営み」そのものを指す言葉でした。

デザイン自体は人類誕生のころから営まれてきた行為ですが、現代に通じる近代デザインとして成立したのは1919年で、わりと最近の出来事です。

ご存知のように、ヨーロッパの経済は、18世紀半ばから19世紀にかけ、産業革命によって急激に成長しました。しかし、その後、新しい時代に対応しきれない社会は衰退するようになり、結果として100年以上にわたる混迷に陥ります。

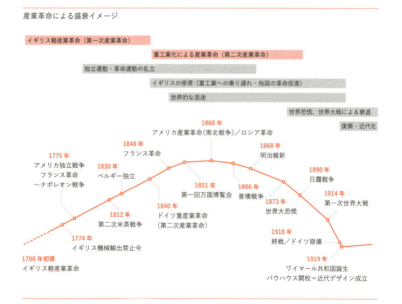

産業革命による盛衰イメージ

はじめに

この状況を解決した最大の取り組みの1つが「近代デザイン」の成立でした。つまり、デザインはもともと、環境変化による衰退と混乱という、現在の日本と同じような状況を解決するために生まれた概念なのです。

　近代デザインの成立によって、人類は、変化に即した合理的な対応ができるようになりました。その後のおよそ100年間で、過去とは比較にならないほどの急速な成長を成し遂げることができたのは、そのおかげといっても過言ではありません。

　デザインとはそもそも、このような意味を持った言葉です。

「新しい環境に適応するための、
**　新しい価値とモノゴトの創造計画と可視化」**

　創造の対象は、モノだけでなく、人や環境や活動といったコト（非造形物）をも包括しています。つまり、現在に至ってもまだ解決できていない問題や課題を解決し、より良い生活環境を造るために、新しいモノゴトを創造することこそが「デザインする」ということになります。
　デザインという創造計画をするためには、まず、自然や社会環境といった背景をきちんと理解することが欠かせません。そのうえで、あらゆるモノゴトを新しい解釈で再認識し、そこで見出された問題を解決するために「新しいモノゴトの創造計画」を構築するのです。こうした営みが「デザイン」であり、変化に即した

合理的な対応そのものなのです。

　ここであらためて確認しておきたいのは、デザインの解釈です。現在、この「デザイン」という単語は、本来の意味とは少しズレた理解で広まっているのが実情です。とくに日本においては、モノ（造形物）の色や形といった、いわゆる「商品の見た目」を指す名詞として認知している人が大半でしょう。そのため、背景にあるコト（非造形物）が意識されず、商品であるモノの造り込みばかりが進んでしまう傾向があります。

　たしかに、モノ（造形物）の見た目も、デザインにおける大切な一要素ではあります。しかし、それはごく一部の要素に過ぎません。こうした狭い解釈が、「新しい環境に適応するための、新しい価値とモノゴトの創造計画と可視化」というデザインの本質への理解を妨げているのです。

POINT

- ☞ 近代デザインにおける「デザイン」が意味するのは、「新しい環境に適応するための、新しい価値とモノゴトの創造計画と可視化」。
- ☞ モノの造形は、大切だが、デザインのごく一部の要素に過ぎない。
- ☞ デザインを造形としてとらえていることが、「創造計画」というデザインの本質理解を妨げている。

どうすれば、本来の意味での「デザイン」を実現できるのか

　現在、多くの企業や組織において、変革のために「リーン」「デザインシンキング」「サービスデザイン」といったプロセスやテンプレート（テンプレ）を、ツールとして活用するシーンが増えています。日本でも多く利用されるようになっていますが、その効果は実際のところ、どうでしょうか。わたしの知る限り「上手く活用できた！」という事例は、ほとんど見たことがありません。

　同様に、デザインオフィスやコンサルティング会社、広告代理店に仕事を依頼したけれど、「なんだかしっくり来なかった」という経験をお持ちの方も多いことでしょう。

　なぜ、そうなってしまうのでしょうか。

　もっとも大きな要因は「デザイン」というものに対する認識のズレです。正しい定義が共有されなければ、行為の内容を理解することはできません。理解のない状態で表面的なツールだけを導入しても、本来の目的は二の次になり、「テンプレの枠を埋める」「プロセスどおり進める」という作業そのものがゴールになってしまうのです。失敗事例のほとんどはこのパターンです。

　わたしも「上手くいかなかったプロジェクトの巻き取り」のご相談をいただくことがあります。

　ほとんどの場合、テンプレを埋め、プロセスを守ったのに「モヤモヤする」「まとまらない」「周囲の反応がよくない」という状

態です。

　内容を見ると、ほぼ100％、「商売都合」「必要性がないもの」を強引にまとめようとしています。

　利用者の必要性や都合を見ていないものや、商品開発や新規事業をする、という程度の創造計画しかしていないものばかりです。

　そこで、わたしがデザインの仕事を引き受けた際に必ずおこなうのが「そもそも」を定義することです。なぜこのプロジェクトが存在するのか？　なぜそれをつくるのか？　社会に対する企業の役割（使命）とは何か？　を徹底的に定義し、プロジェクトが「自分ごと」であるという姿勢をつくります。

　そのうえで、社会的な問題や課題を洗い出し、創造計画の軸を見直すことから始めます。デザインという概念をしっかり持ってもらうために、以前の作業はいったん捨ててもらい、試行錯誤の基本姿勢を体得してもらうのです。

　こうしたプロジェクトの構えや概念がしっかり整ったあとに、テンプレやプロセスを応用していくという流れです。

　プロセスやテンプレは、誰でも簡単にデザイン活動ができるようになる「イノベーションのための魔法のツール」ではありません。こうしたものをつかう以前に、まず、デザインという概念の本質を理解し、しっかりとした構えを身につけておくことが必要なのです。そうではない状態で、表面的なツールだけをいくら導入しても機能することはないでしょう。

デザインの構えがない人とある人のツールに対する認識の違い

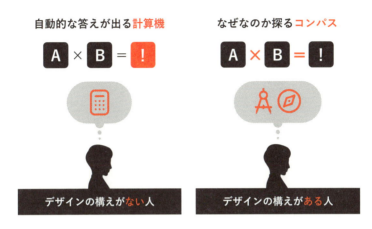

これは、海外のコンサルや企業、大学などとの連携においても同様です。日本の多くの企業が、海外の取り組みを視察したり、連携を模索したりしながら、デザインという機能を経営に取り入れようとしています。しかし、わたしたちの側がデザインを誤解したままでは、相手がいかに優秀でも、有意義な連携が成立することはありません。

POINT

- 海外のデザインプロセスやテンプレをつかっても、上手く活用できた事例はほとんどない。
- コンサル会社などに依頼しても、しっくりこないことが多い。
- 利用者の必要性や都合を見ず、商品開発や新規事業という視点になりがちである。
- プロジェクトの意味について「そもそも」を定義していないことが多い。

**今まで解釈していた意味での「デザイン」という単語を
いったん忘れてください**

　本書の目的は、あなたの「創造力」と「デザイン能力」を最大化するための「最初の一歩」を提供することです。そのためにまず、今まで解釈していた「デザイン」という単語を忘れてください。

　デザインの本質を正しくつかんでいただき、そのうえで、脳が自然とデザインする（＝創造する）状態を身につけていきます。そうなれば、プロセスやテンプレも有効に活用することができるだけでなく、あなたのチーム全体の創造性を高めるための方策も見えてくるはずです。

　本書ではみなさんに第一歩を踏み出していただくため、以下の3つが起きるようなお話をしていきます。

1. これまで解釈していた「デザイン」という言葉がリセットされ、まったく新しい価値を持った言葉として向き合えるようになる。
2. デザインを「創造計画」という正しい概念で意識できるようになる。
3. 日常生活において、常に興味関心のアンテナを張り、モノゴトの成り立ちや意味を無意識的に読み解けるようになる。

　読み終えて、しばらく生活をしていくと、この3つの状態が生まれ、「創造性」の目覚めを感じていただけると思います。

こうした思考のリセットは、難しいことのように思えるかもしれません。とりわけ成人し、中年と呼ばれるような年齢を過ぎると「思考や価値観は変えられない」と考えてしまいがちです。しかし、ビジネスの現場で活躍しているみなさんにとって、思考や価値観のリセットはそれほど難しいものではありません。なぜならビジネスの最前線において「デザインする（＝創造する）」ということは、とてつもなく大きな喜びを伴うものだからです。

　自分たちの生み出したものが、社会や多くの人々の問題を解決し、世の中に必要とされ、感謝される。しかも、仕事の成果として評価され、報酬が上がる可能性もあります。

　その感動の大きさは、今までの価値観をリセットするだけのモチベーションとなるはずです。ましてや本書を手に取られるようなマインドを持つみなさんであれば、指示されたことをこなした達成感とはまるで違う、非常に大きな感動を得られるに違いありません。

　いいかえれば、デザインを実践している人々は、そうした熱量を持って日々を過ごしているともいえます。デザインの概念をリセットすることで、そうしたビジネスの温度感をみなさんにも感じていただけるのではないかと思います。

POINT

☞ ビジネスにおいて「デザインする（＝創造する）」ということは、大きな喜びを伴うもの。
☞ デザインすることは、指示されたことをこなした達成感とはまるで違う、大きな感動を得られること。

日本には、もともと近代デザインに近い価値観がある

　近代デザインの成立は1919年のことですが、その時代に、この概念が定義され、体系化されたということに過ぎません。人類は、それ以前から「デザインする」という行為自体を、意識しないまま、ごく自然におこなってきました。

　意外に思われるかもしれませんが、その傾向がとりわけ強かったのは、日本だとわたしは考えています。日本文化には古来、諸行無常、盛者必衰、おもてなしといった、近代デザインに通じる価値観があり、それは、実際、近代デザインの成立にも大きな影響を与えました。

　ヨーロッパの産業革命では、「安く大量につくる」「消費サイクルを効率化する」「過剰な装飾を施す」といった経済中心の価値観が急速に高まりました。その傾向が暴走したことで、人々の生活よりも、当時の未熟な資本家を中心とした社会構造が生まれ、その後の西洋文明の衰退を招いたといえるでしょう。近代デザインは、ここに「人」「生産性」「必要性」という合理的な視点を導入することで、問題を解決したのです。

　この「人」「生産性」「必要性」を意識した合理的な創造スタイルは、日本古来の文化そのものではないでしょうか。

　たとえば見た目です。「売るための過剰な装飾」という経済中心の価値観に対し、近代デザインでは「形態は機能に従う」としています。これは日本古来の文化でいう「察せられてはならない」という価値観と通じた考えかたです。

経済中心の価値観

消費サイクルを
促すための
無駄な装飾や機能

利用する人を
軽視した
合理性のなさ

安く大量に
作ることを優先した
品質の低さ

　また、生産性が高く精密で、持続性（メンテナンスと改善）までが同居しているところにも、近代デザインに通じる姿勢があります。日本文化は、こうした質実剛健なモノやコトを数多く生み出してきましたが、それに加え、「問題が起きないよう、人の行動に合わせて合理的にモノゴトを配置する」という思想もあります。用意したモノゴトを相手に押し付けるのではなく、心情に響く心配りをすることで、相手が納得して利用するというPULL型の価値観です。
　こうした「売りつける（PUSH）」のではなく「もてなす（PULL）」という価値観にも、両者は共通点があるといえるでしょう。

　このように、日本文化と近代デザインには同じ価値観が通底しており、本来は「デザインするのが得意な国」だったのです。

わたしは「デザイン」という概念を正しくつかむことは、日本文化をあらためて見つめ直すことでもある、と考えています。多様化が進む国際社会において、非常にユニークで高い価値を持った存在に、日本はなり得るはずです。

　これまでの価値観を一度リセットし、表面的なデザインの輸入を見直し、わたしたちが本質的に持っている「日本文化」を応用することで、価値あるモノゴトの創造ができるようになること。それも本書では重要視しています。今までのデザインの解釈をいったん忘れ、本質と合理性を追いかけながら、細かいことは暗記しようとせずに読み進めてみてください。そして「日本」という部分も意識してみてください。きっと、正しいデザイン＝創造計画に対しての一歩を踏み出すことにつながることと思います。

POINT

- ☞ 「諸行無常」「盛者必衰」「おもてなし」などの文化は「近代デザイン」の価値観と同じ。
- ☞ 産業革命による経済中心の価値観が暴走したことで、人々の生活を軽視するようになり、西洋文明の衰退を招いた。
- ☞ 近代デザインは、ここに「人」「生産性」「必要性」という合理的な視点を導入し、問題を解決した。
- ☞ 近代デザインと日本文化の質実剛健さは、こういった合理的な視点によるもの。

| Column | 創造的思考が苦手な現在の日本と、「コト」のデザインの不在 |

　日本の経済が大きく発展したのは、国民所得倍増計画によって整備された社会構造が機能していた1960年代〜80年代の時期です。

　戦後の日本が目標としたのは欧米です。彼らに負けない質の高いモノをつくり、さらにはそれを大量に生産して、一刻も早く経済的な独立をし、先進国の仲間入りを果たすこと。これが日本社会全体の目標でした。そうして、1980年代まで、高品質な工業製品を生産することを最優先にした「生活」「社会」「教育」の環境が構築されてきたのです。

　国民所得倍増計画では、経済産業の構造に準じた社会環境の整備が急速に進められました。教育方針も、こうした社会構造を機能させ、そこに適応できる人材を育てることに注力された時期です。国が整備した環境に適応すれば、経済的に豊かな人生が保証されるという「レール社会」の価値観が定着していきます。こうしたなかで、デザインの教育も、工業製品を生み出すことに特化したものとなりました。学問としてのデザインを基礎から学んだプロのデザイナーであっても、日本ではデザインをモノ（造形物）の範疇でとらえることが多いのはそのためです。

　思考法においても、正しいデザインに必要な正解のない問題に

向き合う思考（創造的思考）ではなく、正解や前例を探す思考（答え合わせ思考）をする姿勢が強くなってしまったといえます。

さらに、この時期の日本では人口も大幅に増加しました。その結果、中産階級が人口のボリュームゾーンとなり、バラツキの少ない、シンプルで安定した社会が構築されたのです。「世界第2位の経済大国」と呼ばれた日本は、こうした土壌の上に生まれたといえるでしょう。

これは結果として、同じような生活スタイルや価値観を持つ、いわゆる「画一化の拡大」につながった、とわたしは考えています。

画一化が進んだ社会は非常に安定しています。しかし、一方では大きな弊害も起きてしまいます。本来ならば、人々のニーズやウォンツは個々人の都合ごとに異なる非常に多様なものでしょう。時代によってライフスタイルや価値観も変化していきます。しかし、画一化された社会では、人々のあらゆる都合が「定量」「平均」といった「数」によって測られ、均一になってしまいがちです。つまり、つくり上げた社会のシステムを安定させることが優先され、個人の多様な都合や価値観が軽視されてしまうのです。

これは、ダイバーシティ（多様性）やイノベーション（革新）といった近代社会が理想とする価値観とはまるで正反対です。現在の日本が、変化や多様性に不寛容な「ガラパゴス」と呼ばれるのには、このような理由があるのではないでしょうか。

しかし、いくら変化に不寛容な社会であっても、21世紀を生きるわたしたちは、ガラパゴス諸島で暮らす動植物のように、周囲から完全に孤立して生きることはできません。グローバルな変化は、この日本にも、確実に影響を与え続けています。社会環境は変わらなくても、そこで生きる人々の生活や価値観はどんどん変わっているのです。

　そうした変化を敏感に感じ取っているのは、やはり若く、新しい世代の人たちでしょう。彼らにしてみれば、多様化を認めず、頑なに変化しないガラパゴス社会に興味や期待感を持てないのは当然です。それどころか、彼らの新しさを許容できない社会構造に、生きづらささえ感じているのです。

　自分たちの想いや人生が入り込む余地のない、過去の人がつくった社会システムのなかで、不合理さや閉塞感に囲まれて、声を上げることもできずに生きているのです。これは多くの企業でも同じではないでしょうか？　まさに、安定を守りたい世代と、変化への適応を必要としている世代の価値観のギャップそのものです。

　これらのさまざまな要因が、成長しない日本の「失われた30年」をつくり上げてきました。この国の成長はこの30年で鈍化し続け、停止の段階に入ってしまったように思います。もしかしたら、すでに衰退期に入っているのかもしれません。

　わたしたちがコトのデザインを学び直し、創造性を取り戻すこ

とは、こうした硬直化した社会を変え、活気あるものへとつくり変えることでもあるのです。

POINT

☞ 日本は欧米に負けない質の高いモノづくりと大量生産による、経済的な独立を急務とした。
☞ 実現に向けて、モノの生産と消費の最大化を目指した「生活」「社会」「教育」の構築は、「画一化」と「レール社会」を生み出し、「答え合わせ思考」の姿勢を強めた。
☞ 結果として、「失われた30年」という変化しないガラパゴスな社会を生んでしまった。

第1章

「デザイン」の
リセットが
必要な理由

この章の目的はデザインという概念をもう一度とらえ直すことです。そのためにまず、これまで持っていた「色や形、設計」といった「デザイン」のイメージを忘れていただきます。そして、なぜデザインをするのか（＝創造が必要なのか）、デザインとは何なのか、を考え、新しい概念としてデザインをとらえ直してください。まさに基本のキから、というわけですが、ここから始めるのにはもちろん理由があります。

　わたしのおもな仕事は、デザインが機能していないことで、IT革命以降に手探り状態になってしまった現場に、デザインを提供することでした。関わるプロジェクトの内容や規模、ジャンルは、その都度まったく異なります。しかしどのようなプロジェクトであっても、そのほとんどで、わたしは共通した思いを抱かずにはいられませんでした。そうです。デザインという概念に対する認識のズレです。

・そもそもデザインとは何なのか
・なぜ、デザインが必要なのか

　こうした前提をきちんと確認せず、都合の良い魔法のツールとして認識し、ただ闇雲に「デザイン思考を導入すれば何かが変えられるだろう」「デザインの視点を入れれば、画期的な新規事業を創発できるらしい」となってしまっているケースは想像以上に多かったのです。

　ときには、そのズレが、大切なビジネスに致命的な失敗や混乱を与えてしまうことさえありました。

現在のわたしが、さまざまなプロジェクトに関わる際、まず「デザインとは何か」そして「なぜデザインが必要なのか」を認識していただくところから始めるようになったのは、こうした場面を数多く目にしたことがきっかけです。

　このスタイルは、明確な答えが求められる現代の日本においては、一見すると遠回りのように思われがちです。しかし、プロジェクトメンバーの創造性を高め、合理的で意義のある仕事をするためには、この方法はむしろ近道なのだとわたしは確信しています。

わたしたちは今、
デザインを必要としている

どうして、今、創造力（デザインする力）が必要なのか

ここで質問です。あなたが本書を手に取った理由は何でしょうか。

- ビジネスを好転させる突破口を探している
- 画期的な新規事業を考えたい
- 地域創生についてアイデアを出したい
- デザインについての理解を深めておきたい
- 閉塞感を打破したい

などなど、さまざまな理由や事情、お考えがあることと思います。しかし「創造力を高めて、現状を変えたい」という想いはみなさん一致しているのではないでしょうか。

これは、おそらく、みなさんだけではなく、わたしを含めた、今の日本社会で暮らす多くの人々に共通した願いだと思います。

少々、話が大きくなってしまいますが、まず日本社会における創造力の必要性について考えてみます。

先にも触れたように、かつて日本企業は、世界の企業トップ10

に名を連ねていた時代がありました。しかし、現在ではトップ10どころか、トップ100に入る企業が片手で数えられる程度になっています。

　この30年間で、日本の企業はみな小さく、弱くなったのでしょうか。そうではありません。海外企業と比べ、成長しなかったのです。ここで重要なのは、トップ100に入る日本企業が減ったことではなく、30年前と現在の日本の経済規模がほとんど変わっていないという点です。

　たとえば2019年6月期で見ると、トヨタ自動車の時価総額は約1800億ドルです。この30年間（1989年〜2019年）で3倍以上成長していて、30年前の1位であるNTTとほぼ同額レベルです。しかし、ランキングでは41位です。2019年6月期の1位はマイクロソフトで、時価総額は約1兆ドルです。トップ3企業はおおよそ1兆ドルが目安になっていますが、これは、30年前の海外の1位に比べ約17倍の規模です。

　トヨタに続く日本のトップ企業の時価総額も、30年前とほぼ同額レベルであるにもかかわらず、世界のトップ100にランキングされているのはトヨタを入れても3社です。顔ぶれこそ変わったものの、日本国内の経済規模がバブル崩壊後の30年間で、ほとんど変化していないことが見て取れます。

　これに対し、90年代の経済危機を乗り越え、IT革命にも対応してきた諸外国の企業は、次ページの表を見ていただければわかるとおり、この30年で時価総額を10倍以上にしてきました。

　つまり、世界が急激なスピードで変化と成長をし続けているな

かで、日本企業はバブル時代のまま時間が止まってしまい、いつの間にか「置いてけぼり」になってしまったといえます。

1989年7月〜2019年6月までの30年における日本と海外のトップ5企業の株式時価総額の変化

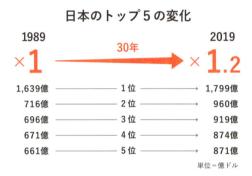

どうしてこのような状況が30年も放置されたのか。その要因の1つは、過去の巨大な遺産でしょう。幸か不幸か、日本社会が30

年前までにつくり上げた経済力と信用の基盤は非常に強固なものでした。そのため、変革のないガラパゴス化した社会でも、国際社会で一定の影響力を持ち続けることができたのです。また、世界的なIT特需にも助けられました。その結果、危機感をあまり感じることなく、今日まで延命できてしまったのです。

　しかし、それもそろそろ限界のように感じます。
　今や「日本社会」というガラパゴスの生態系は崩れ始めています。かつて栄華を誇った「Made in Japan」ブランドは過去のものとなり、得意としていた工業製品の分野でも中国や韓国、台湾に追い越され、ついには日本企業が彼らに買収されるようになりました。
　さらに、少子高齢化などによって地方地域の企業・産業は、成長鈍化・衰退に陥っています。生産年齢人口の多さやそれに伴う消費量に依存した日本の社会構造は、その減少によってほつれが目立つようになってきました。そして、こうした少子高齢化、人口減少は今後さらに進行することは確実です。日本全体としてはゆっくりと衰退し始めているといえるでしょう。

　ここに至って、さすがに「もう限界ではないか」という声が大きくなりました。「変化しなければいけない」と、日本社会もようやく重い腰を上げ始めたのです。たとえ、周回遅れであっても、これは大きな前進でしょう。こうしたなかで、日本がもう一度世界という舞台に出ていくための有力な手段として注目されるようになったのが、「デザイン」というキーワードだったのです。

> **POINT**
> - ☞ 高度経済成長によって築き上げた経済力と信用の基盤は、危機感を感じさせないほど強固なものだった。
> - ☞ 日本は先進諸国に置いてけぼりにされ、閉塞感が漂うようになり、多くの人が「創造性を高めて、現状を変えたい」という想いを持つようになった。
> - ☞ 変革への想いが、有力な手段として、「デザイン」というキーワードに注目させるようになった。

近代デザイン誕生の背景と、日本の失われた30年

　この日本の「失われた30年」とIT革命との関係性には、参照されるべき前例があります。

　それは、19世紀のヨーロッパで起きた社会の混迷と産業革命の関係です。両者はほとんど同じ構造をしており、「近代デザイン」の成立に至るまでを理解することは、日本の現状打破に対する重要なカギとなります。

　産業革命は18世紀初頭のイギリスで始まりました。大きな飛躍のきっかけは、石炭を用いた蒸気機関の誕生です。この技術革新はイギリス国内の産業や経済を発展させるに留まらず、ヨーロッパ各国の社会構造を劇的に変化させたことは、みなさんもよくご存知のことでしょう。

　しかし、あらゆる社会を構成しているのは、機械や制度ではなく人です。社会構造が変わっても、すべての人がその速度についていけるとは限りません。やがて、古い価値観と新しい価値観が衝突するようになり、社会が混乱をきたすようになったのです。そ

の結果、世界の中心にあったヨーロッパの国々は100年以上にわたって危機的な混迷を続けることになります。このことは、世界恐慌や世界大戦を誘発する因子にもなりました。

　この産業革命後のヨーロッパにおける混迷と衰退のなかで成立したのが、近代デザインでした。アメリカのシカゴ派、そしてワイマール共和国（旧ドイツ帝国）の国立デザイン学校であった「バウハウス」（1919～1933年）が成立させた創造に対する概念や定義は、長年にわたる欧州の衰退と混乱を解決する大きな武器になったのです。
　つまり、近代デザインは誕生成立当初から、社会や産業におけるさまざまな問題を解決するためのものだったのです。もちろん、その対象はモノに限りません。「コト」や「ヒト」にも適用されるものでした。今、あのころの欧州と同じような混迷や衰退を抱える日本において、デザインがあらためて注目されるのは、ある意味、当然の帰結なのです。

　正式なデザインを学び、実社会において実践してきた方であれば、こうした歴史的経緯や、この近代デザインが今でもデザインの基本であることはご存知のことと思います。その視点からすると、デザイン活動のほとんどを「造形」に限定し続きた日本の不思議さがわかるのではないでしょうか。
　ところが、現在に至っても、多くのデザイナーが「見た目をつくるプロ」として育成されているのが実情です。そのため、専門教育を受けたデザイナーのほとんどは、昔ながらのモノづくりの

業界で仕事をします。それどころか、21世紀に入ってからの日本のデザイン教育の現場では、その歴史や本来の意味を教えず、造形技術のみを教えるようにすらなりました。

IT革命の混乱に対応できる専門家がこの国であまり出てこなかったのには、そんな側面もあるのです。

POINT

- ☞ 現在の日本の停滞と、産業革命で起きたヨーロッパの混迷は似ている。
- ☞ 古い価値観と新しい価値観が衝突するようになると社会が混乱する。
- ☞ 社会や産業におけるさまざまな問題を解決するには、「ヒト」や「コト」に向き合うことが重要。
- ☞ 今、デザインがあらためて注目されるのは当然の帰結。

「答え合わせ思考」に陥らないために

画一化や社会構造だけでなく、日本の30年にも及ぶ混迷を生み出している大きな問題の1つに、わたしたちの「思考のしかた」があります。

社会のスピーディな変化に適切に対応するためには、従来の思考に縛られず、自由で、創造的な思考をしなくてはいけません。しかし、日本人はどういうわけか、それを上手くできません。

わたしは、そのおもな要因が「答え合わせ思考」にあると考えています。勉強においては教師や両親、仕事においては上司やクライアントの期待に応えるために、仕組みや指示を厳格に守って、無難な「正しい答え」を探すように、わたしたちは教育されてき

ました。そうすれば学校では良い成績を残せますし、社会でも大怪我をする可能性は低くなり、評価も上がります。しかし、そのように思考が固定化してしまったことで、変化に適応し、創造的に考えることが苦手になっているのではないでしょうか。

　たとえば、仕事相手との会話で、とくに考えることもなく、こんな返答をしたことはありませんか？

答え合わせ思考の発言例

「上に確認します」
「持ち帰って検討します」
「どうしたいですか？」
「〇〇でよろしいでしょうか？」
「うちの家族の場合はそうだから」

　もちろん本当にこうした返答が必要なケースもあるでしょう。しかし、とくに理由もなく、習慣のようにこうした言葉を返しているのでしたら、要注意です。
　また、次のような言葉はどうでしょうか？

画一化に巻き込まれている発言例

「普通は」
「常識でしょう」
「一般的に」
「前例がありません」

「○○さんがそういってた」
「じゃあ多数決で」

　これらの言葉は、答え合わせ思考を続けるうちに、自身のミスになることを避け、大勢の一部になることで無難にすませようとするときに出やすい言葉です。こうした姿勢のメンバーが多くなると、プロジェクトや組織は多様性を失い、創造的な発想は出にくくなります。

　もちろん、ビジネスにおいて上司やステークホルダーの意向、過去の事例を参考にするのは大切なことです。これは日本に限ったことではありません。どこの国のビジネスマンも日々やっていることでしょう。しかし、日本の組織はその傾向があまりにも強すぎるのではないでしょうか。だから、従来の枠組みを超えるような発想をする必要があるとわかっているときに何もできない、ということが起こるのです。こうした慎重な姿勢である「答え合わせ思考」は、試行錯誤をさせない状況を生みます。モノゴトが多様化した今となっては、その慎重さは逆にリスクになります。一発勝負、一か八かの運試しでしかないからです。

　経済大国を目指して成長していたころのシンプルな社会だった日本では、それでも良かったのです。むしろ、余計なことは考えず、教えられたことを覚え、指示どおり動く「超受動的」で「よそ見をしない」社会人のほうが機能的だったともいえます。
　しかし、今はもうそういう時代ではありません。答えや指示が

なければ動けない超受動的な社会人を求めている企業や組織は、もはや少数派でしょう。

　今の時代において、創造的思考を取り戻すことは、このような旧態依然とした受動的思考を脱することでもあるのです。

POINT

- ☞ 社会の変化に適切に対応するために、創造的な思考をしなくてはならない。
- ☞ 「答え合わせ思考」である日本の教育が、創造的に考えることを苦手にさせている。
- ☞ 創造的思考を取り戻すことは、旧態依然とした受動的思考を脱することでもある。

デザインとデザイナーの誕生

仕事としての「デザイン」が生まれた背景

次に、デザインがなぜ生まれたのかについてあらためて考えてみましょう。

「近代デザイン」が成立した20世紀初頭に時計の針を戻して、駆け足でその様子を見ていきます。

18世紀初頭のイギリスから始まった産業革命は、社会のカタチを一変させました。

家内制手工業の多くが工場での生産へと移行し、さらに機械が導入されたことで、一度に大量のモノを、安く生産することが可能になります。また流通も進化し、できあがった大量のモノを鉄道や船（蒸気機関）で素早く各地へ運ぶこともできるようになりました。

こうして19世紀のヨーロッパは、「人力」社会から、「機械力」社会へと変貌し、きわめて短期間のうちに「工業化」していきます。商業の成り立ちはもちろんのこと、人々の生活を左右する物価、生活レベル、時間感覚までもが激変しました。

しかし、産業革命がもたらしたのはメリットばかりではありませんでした。やがて、人々はその副作用に気づくことになります。

その1つが、生活の劣化です。

生活の劣化

- **モノの品質低下**

  大量生産によって、
  商品やサービスの価格競争が激しくなる
  　　↓
  利益率が悪化し、薄利多売になる
  　　↓
  コストを重視するあまり、品質の低いモノが出回る

- **モノが余る**

  生産力の強化に合わせ、大量消費が推奨される
  　　↓
  使い捨て文化が生まれる

- **モノの価値が低下する**

  モノを売るために、コト（必要性）が軽視された環境が
  広まり、生活がどんどん無機質になっていく

つまり、生産の工業化は人々の身のまわりでつかわれるモノを、安価で、誰でも入手できるようにした一方で、その品質を粗悪で、無機質で、商業的なモノへと変えてしまったといえます。こうした無機質なモノに囲まれた生活は、一般庶民の「文化」の質も著しく低下させていきました。

産業革命がもたらした文化・生活の劣化

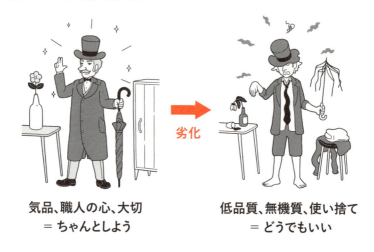

気品、職人の心、大切
＝ちゃんとしよう

低品質、無機質、使い捨て
＝どうでもいい

　これと同時に、工業化の拡大は、労働条件の悪化や都市のスラム化、さらには環境汚染といった問題も引き起こします。その結果、一部の資本家や貴族階級は豊かになっているのに、大半の人々（労働者）の文化レベル、生活レベルはヨーロッパ全土でどんどん衰退していくという状況になったのです。

モノづくりを救う「デザイン」

　工業化は、職人の専門技術によってつくられてきた多くの製品を、工場を運営する資本家の意向にそって、コストを追求しながら、できるだけ効率よく生産されるものにしていきました。
　このときヨーロッパで取り糺されていたのは、彼らの文化を長

い間支えてきた意匠、つまり伝統様式や職人の手工作技術の喪失です。今の日本でいう「匠の技」の危機にも似ています。

　もちろん、資本家たちもただ手をこまねいていたわけではありません。製品の品質を守りたい、という危機感を持ち、どうにかして解決しようとした例もあります。
　しかし、彼らの取り組みは、表面的で安易な方法ばかりでした。

・人気のあった過去の意匠を模倣する
・有名な絵画や彫刻の高級感を持ち込む

こうした方法に、その意匠や高級感が本来持っていた機能、そして目的への配慮はありません。単に「差別化」「付加価値」という意図で装飾したに過ぎなかったのです。資本家たちは、過去の栄華を感じさせるような、高級感のある装飾をあしらうという演出が、製品の質を守ることであると考えたのでしょう。しかし、結局はつかうことよりも売ることを優先した発想でした。機能的にはとくに意味のない意匠は、単に実用性がないというだけではありません。装飾にムダなコストをかけ、必要な性能に対するコストを犠牲にし、結局は機能しない粗悪な製品となってしまうという、本末転倒な結果を生じさせたのです。

　このような表面的で無計画なモノづくりは、当然行き詰まります。この問題を解決するべく、早くも1832年にはイギリスで「デザインの必要性」が提起されました。イギリス政府はヨーロッパ

諸国の実態調査をおこない、国立画廊やデザイン学校の設置など、国民の文化レベルを改善させるための施策を展開したのです。

その成果は1851年に開催された第1回万国博覧会（ロンドン）で発揮される「はず」でした。しかし、イギリスという国家の優越性を誇示するため、鉄骨とガラスで建設された展示会場クリスタルパレス（水晶宮）は、当時の混乱した建築様式のなかにあって、その技術力と明快さで一定の評価を集める一方、「装飾過剰な無意味で機能しない」イギリスのモノづくりを浮き彫りにし、本質を求めようというデザインへの認識不足を、より一層誇張してしまうことにもなったのです。

こうして「デザインの混乱時代」は頂点を迎えます。

クリスタルパレス（水晶宮） 1851年の第1回万国博覧会は、当時の装飾過剰、過去の安易な模倣、実用性のなさなどの問題を解決する狙いで開催されたが、主催国であるイギリスが用意したクリスタルパレスは、見た目による先進性の弱さから「ただの巨大な温室」として酷評された。しかし、建築技法の面では先進性のある技術が採用されていた。

危機に陥ったモノづくりを救うために必要だったのは「芸術の本質」と「生活への合理性」という視点でした。これに気づき、その重要性を説いたのが、19世紀後半に始まったアーツ・アンド・クラフツ運動（Arts and Crafts Movement）です。1888年に設立された「アーツ・アンド・クラフツ展示協会」の中心人物であったウィリアム・モリス（William Morris）らは、当時、失われつつあった職人たちの仕事を再評価し、時代に即した新しい解釈をすることを提唱しました。正しいデザインのありかたを模索するこの活動は、イギリスからヨーロッパ各地、北アメリカへと広がっていきます。

ウィリアム・モリス（1834〜1896年）生活と芸術の一体化という「アーツ・アンド・クラフツ運動」の中心人物であり、「モダンデザインの父」として知られるイギリスのデザイナー。作家、詩人、政治活動家としても活躍した。また、『世界のかなたの森』などの、架空の中世世界を舞台にしたファンタジー作品も多く執筆し、『ロード・オブ・ザ・リング』などで知られるトールキンらにも影響を与え、「ファンタジーの父」とも呼ばれる。

そしてフランスやベルギーにおいて花開いたのが、アール・ヌーボー（Art Nouveau＝新しい芸術）でした。ドイツでもユーゲントシュティール（青年様式）、イタリアではリバティ様式と呼ばれた表現が生まれます。その様式はさまざまでしたが、「既成概念にとらわれない自由な表現」という点では共通していました。

彼らの表現は、産業革命後のモノづくりを混乱させていた「表面的な懐古主義」に対するカウンター文化として、社会に希望を与えたのです。

過去の装飾を過剰に模した傾向が強かった19世紀　産業革命による近代化と相反した保守的な姿勢が強く、写真①②のような、懐古主義的な過剰装飾の古典様式が広がった。過剰装飾に対して機械加工技術が追いついておらず、コストなどの都合も相まって、荒削りで粗悪なプロダクトが蔓延した。こうした不要な装飾を排除し、実用性を重視するシェーカー教団（キリスト教の流派）などによる写真③のようなシンプル化の活動も生まれた。

新しさで伝統を上書きしていったアール・ヌーボー（Art nouveau）の作例

アール・ヌーボーはアーツ・アンド・クラフツ運動が先駆けとなって発生した。無機質で芸術性を失った社会に、合理的で美しいものを蘇らせるという思想であった。しかし、ガウディのように高い芸術性が評価された事例があった一方で、合理性や生活との一体化、生産性や実用品とはかけ離れたアート活動となっていった。様式を重んじる教会などの伝統的な施設においても、過剰なデフォルメ化をおこなっていった。こうした熱が高まるにつれ、単なるファッションに陥り、古典様式の過激なデフォルメ、装飾過多、安易な劣化コピーを蔓延させていった。

④オルタのタッセル邸、⑤ガウディのサグラダ・ファミリア、⑥パリ地下鉄駅の出入り口装飾

また、アール・ヌーボーの進展は、ヨーロッパの価値観を世界中に広げることにもつながりました。「過去を知り、その文化背景を理解し、新しい解釈を再発見する」という彼らの姿勢は、さまざまな地域の文化交流も促します。近代デザインの成立に対して、大きく貢献するものでした。

　なお、この時代を振り返るにあたって、もう1つだけ指摘しておきたいことがあります。
　それはアーツ・アンド・クラフツ運動とアール・ヌーボーの顛末です。
　19世紀末に興った「既成概念にとらわれない自由な表現」という、この新しい潮流は、世紀末という希望と不安の入り混じった世相も相まって、短期間のうちに世界全体へと広がっていきました。
　しかし、その圧倒的な熱量は「古いものを否定することが正しいことである」という安易なファッション性につながり、彼らが守ろうとした世界各地の伝統的な価値観や生活様式を破壊してしまう、という皮肉な結果をも招いてしまったのです

　これは「商業的で無意味なものの氾濫を反省し、人間の生活にとって価値のあるものを生み出そう」という、取り組みの本質部分を見失うことでもありました。こういった状況も、現在の日本に通じる出来事だといえるでしょう。

　とはいえ、この時代のデザイナーたちが、ただ混乱に振り回さ

れていたわけではありません。伝統や芸術を再評価し、時代に即した新しい解釈をおこなうため、ジャポニズムなどの異文化の取り込み、印刷と絵画の活用であるポスター(グラフィック)、建築様式の多様化といった試行錯誤を重ねました。

そして新世紀となる20世紀に入ったときには、商業、生活、本質に対するデザインのありかたに折り合いがつき始め、いわゆる「合理的なデザイン」に落ち着くこととなったのです。

アール・ヌーボー、ポスター、ジャポニズムの作例 ①日本でも人気が根強い、アルフォンス・ミュシャによるポスター。②フランスで活動した高島北海の作品。シンプルかつ鮮やかな植物の意匠と日本画法はアール・ヌーボーに大きな影響を与えた。③高島北海と親交が深かったエミール・ガレの作品。日本画法や北海の植物表現の影響が見られる。

職能としての「デザイナー」の誕生

　産業革命、アーツ・アンド・クラフツ運動、アール・ヌーボーへと至る試行錯誤の結果、モノゴトをつくり出す一連の行為から「計画する」という過程が切り出されるようになりました。

　この「新しいモノゴトの創造を計画する」という過程こそがデザインの役割です。それまで、人々はこの過程の重要性を意識することはなかったともいえるでしょう。

　この過程を担うのが、そうです。デザイナーです。

　産業革命以前のモノづくりでは、専門の職人が「機能するモノ」に対する真摯な姿勢を持って、ほぼすべての過程を担ってきました。しかし、工業化と分業化が進んだ産業社会においては、これに加え、機械工作の生産効率、商業的な都合、必要性（需要）、さらに社会環境などの複雑な各要素を整理し、まとめ、計画を立てなければ、何をつくれば良いのかすら決められなくなったのです。

　デザイナーという職業は、この「計画する過程」を正しく機能させるために生まれたものです。

　20世紀初頭は、大恐慌と世界大戦によって混迷の末期を迎えていました。そうした時代においてのモノづくりは、消費を促すといった商業的都合を持ち込む余裕すらなく、生きるか死ぬかに関わる必要性を、極限まで追求することとなります。

　そして導かれた1つの結論が、「合理的なデザイン」の重要性でした。

この観点をつきつめることによって、ついに「近代デザイン」が成立することになります。その象徴的な存在が、1919年に設立されたバウハウスです。バウハウスは、第一次世界大戦終結直後の荒廃したドイツが、再興にかけるエネルギーを結実させたものでした。

　バウハウスは、もともとワイマール共和国の建築・デザインの学校として成立されたものです。しかし、その活動は教育機関の枠に留まりませんでした。陶芸や彫刻、壁画、金属加工、家具、建築などの工房活動を通じ、実際に数々の実証実験的な製品を世に送り出し、世界中に大きなインパクトを与えたのです。

　彼らのつくり出すモノには、「合理的なデザイン」への１つの答えがありました。つまり、モノづくりの歴史、新しい環境への対応、理念といった「必要性」、規格化や標準化といった「生産性」といった要素を融合したうえで合理性を追求し、これをデザインの原理として体系化したのです。

　バウハウスのアプローチは、21世紀の現在に至るまで「デザインの基本」とされています。その後の100年間でおこなわれた、あらゆるデザインに多大な影響を与えています。

　その身近な一例は、Apple社が手がけてきた製品に見ることができます。彼らの「一切のムダを省いたシンプルで実用的な製品やサービス」というアプローチは、近代デザインの思想に非常に忠実です。近代デザインのアプローチをあらためて明確に示したAppleが、世界中のモノゴトのありかたへ強い影響を与えきたのは、ご存知のとおりです。

近代デザインの成立とデザインの基本原則の確立は、職能としてのデザイナーの立ち位置をより明確なものにしました。ヨーロッパやアメリカでは、バウハウスの流れを汲んだデザイナーたちが数多くの成果を生み、その役割の重要性を体現してきました。こうして、あらゆる産業において「デザイン」という仕事が普及していくこととなったのです。

産業革命からバウハウス、近代デザイン誕生までの流れ

産業革命
産業革命によってモノを効率よく、安価に、大量に生産できるようになった。しかし、その一方で粗悪なモノも氾濫し、文化が衰退。

▼

アーツ・アンド・クラフツ運動
文化の衰退を解決するため、昔のような職人が質を守るモノづくりを見直すアーツ・アンド・クラフツ運動が始まる。この運動は、大量生産できる製品に倫理観をもたらした。

▼

アーツ・アンド・クラフツ運動の行き詰まり
アーツ・アンド・クラフツ運動はモノづくりに倫理的な理念をもたらしたが、近代産業や機械技術を頑なに否定する、懐古主義を生んでしまう。手工業vs.機械技術、懐古主義vs.産業主義といった不毛な対立が始まり、その後の産業の発展を遅らせてしまう結果となった。

▼

アール・ヌーボーの登場
フランスでアール・ヌーボー（新しい芸術）という「既成概念にとらわれない自由な表現」が始まり、その斬新な表現で、一躍国際的な流行となる。しかし次第につくり手の自己主張による装飾過多が目立つようになり、「芸術的で美しいけれども、実用的ではない」と評価されるようにもなる。

▼

デザインの本質を求めて

アール・ヌーボーも、機械技術、近代産業や既成概念とこれらを否定する対立の枠を超えることはできなかった。しかし20世紀を目の前にして、根本的な問題解決を進める動きが盛んになる。そのおもな中心となったのは、ドイツ工作連盟（ドイツで結成された芸術家、実業家、建築家、工芸関係者らによる集団）や、アメリカのシカゴ派（ルイス・H・サリヴァンを中心とした建築家集団）などだった。

「合理的なデザイン」という取り組み

問題解決の軸となったのは「合理的なデザイン」への取り組みだった。近代産業にふさわしいデザインを追求した結果、つくり手のエゴを押し付ける無分別な装飾はいましめられるようになり、シカゴ派のサリヴァンの唱えた「形態は機能に従う」という、近代デザイン成立の礎となる考え方が登場する。実用性と生産性を高いレベルで実現する「機能美」が、デザインの基本原理となる。

バウハウスの誕生

ワイマール国立デザイン学校として、バウハウスが誕生。ドイツ工作連盟などが推進してきた「芸術と産業、ひいては機械時代にかなった正当なデザイン」という新しいモノづくり像と、第一次世界大戦後の復興へのエネルギーが相乗効果を生んだ成果といわれる。

近代デザインの成立

バウハウスは工房活動を通じて、新しいデザインのありかたを具体的に実践した。その成果は、それまでのデザインの混迷を整理し、「合理的なデザイン」を体系化することになる。また、諸外国の近代デザイン活動とも積極的に連携したことで、バウハウスは「近代デザインを世界に広める場」ともなった。バウハウスが開校した1919年を「近代デザインが誕生した年」つまり「デザイン元年」とする考え方は、世界中のデザイン業界で根強い。本書も、このときに近代デザインが成立したとする。

バウハウスの終焉

1933年、ナチスドイツが誕生。旧体制の象徴でもあったバウハウスは、これを「害悪」とみなしたナチスによって取り潰された。

デザインにおける「モノ」と「コト」

　バウハウスの終焉と第二次世界大戦の勃発は、世界に再度の混乱をもたらします。

　終戦後の復興においても、モノの生産と消費を中心にした資本主義社会の最大化が進み、結果として、産業革命と同じような状況が生まれ、日本からも、ある重要なものを失わせました。

　その、あるもの、とは「モノ」と「コト」とを一体にとらえる視点です。

　これまで解説してきたように、産業革命では、消費させることを目的とした粗悪なモノが氾濫しました。モノの先にあるコトをも粗悪にし、結果として、人間の生活や文化を衰退させてしまいます。近代デザインが未成立だったころも、デザイナーたちはこの問題を解決しようとしていましたが、それはモノへの表面的なアプローチに過ぎず、抜本的な解決に至りませんでした。

　「モノ」は用具としての必要性があるからこそ存在し、そのモノの使用が必要となる背景こそが「コト」です。コトがなければモノは必要ありません。モノがなければコトは実行できません。こうした表裏一体のとらえ方が、「モノゴト」の考え方です。

　ドイツ、そしてアメリカ（シカゴ派）が成立させた近代デザインは、モノとコトとを、必要性や合理性、機能性を通じて一体にとらえることを基本にしました。だからこそ、デザインを人類にとって有益なものにできたのです。

高度経済成長を経ていくなかで、日本はこうした視点を失い、経済社会を成立させるための商品、つまり、プロダクトとしての「モノ」だけを考えるようになっていきました。

モノの視点とコトの視点

じつは、バウハウスにおいても、シカゴ派においても、当時のデザイナーたちは「モノとコト」について明確な分類はしていませんでした。モノゴトが表裏一体であるとしたうえで、「Design」という言葉を「創造計画」と理解してつかっていた彼らにとって、モノとコトをわざわざ分けて説明する必要はなかったのでしょう。

ところが、日本では経済社会や資本主義の成熟を急ぐあまり、売り物としての「モノ」へのフォーカスが強まっていきます。その結果、デザインを「造形物（モノ）の見た目の設計」とする傾向が

強くなり、デザインが持つ「モノゴト」への理解を見失わせ、産業革命の失敗と同じ轍を踏むに至りました。

POINT

- ☞ 商売を優先した粗悪なモノの氾濫は、人の生活の劣化を招いた。
- ☞ 質の良いモノをつくるため、デザインという役割が注目された。
- ☞ デザインの模索のなかで、懐古主義や、その反動のアール・ヌーボーなど、古い価値観と新しい価値観のせめぎ合いが起きた。
- ☞ 最終的に「本質」「合理性」「必要性」に向き合うことで、「近代デザイン」が成立した。
- ☞ 近代デザインは成立以降、文化を発展させてきた。

デザインとは何か

「デザイン」の定義

あらためて、100年前に成立した近代デザインの定義を、その意味合いを変えず、現在の社会に合わせた定義にしてみましょう。

**「新しい状況に適応するための、
　新しい価値とモノゴトの創造計画と可視化」**

ここでは、この定義を掘り下げることで、デザインの本質について理解を深めていただこうと思います。

「デザイン」という言葉の語源

デザイン（design）という言葉の語源は、「計画を記号に表す」という意味の言葉である、ラテン語の"designare（デジナーレ）"という単語だとされています。絵画などでつかわれるデッサン（dessin）もこれがルーツです。

「計画を記号に表す」というのは、ちょっとわかりづらいかもしれません。補足をするならば、「解決策を考え、その方法をさまざまな手法（言葉や文字、図表など）で表現し、周囲に伝えるべく可視化すること」ととらえればよいでしょう。

ちなみに、デッサンは一般的に線で描かれた絵として認識されがちです。しかし、「素の描写」という訳が指すように、デッサンは観察、発見、実験、練習など、新しい作品を生み出すための、さまざまな試行錯誤全般とその可視化を指す言葉なのです。

　では、デザインという言葉はどうでしょうか。
　この言葉が、現在の「創造計画」というような意味でつかわれるようになったのはルネッサンス期以降からだとされています。ただ、その定義はかなり曖昧で、時代や国などによって、その都度さまざまな用いられ方をしてきました。
　その用いられかたがまとまり始めたのは、やはり近代デザインが芽生えた19世紀のヨーロッパです。ここに至って、ようやく「生活に必要なモノ（用具）を生産する際、その機能や構造などの属性を、美的かつ総合的に造形計画する行為」という意味でつかわれるようになりました。

「デザイン」をあらためて定義しなおした「近代デザイン」の成立

　近代デザインは「生活に必要なモノ（用具）を生産する際、その機能や構造などの属性を美的かつ総合的に造形計画すること」からスタートし、およそ100年かけて「新しい状況に適応するための、新しい価値とモノゴトの創造計画と可視化」として成立していきます。
　産業革命後に生まれたこの考え方を、あらためて再認識してお

くことは、現代においても間違いなく大きな意味があるでしょう。

とはいえ、これは今から100年前に生まれた定義です。

似たような状況にあるとはいえ、当時の欧米と、21世紀初頭の日本とでは、産業構造や社会の仕組み、解決するべき問題も大きく異なります。現代を生きるわたしたちが、デザインを正しくとらえ、有意義なものにするために、さらに理解を深めていきます。

デザインを正しく理解するうえでもっとも重要なことの1つは、「人間は、ただ生存し続けられればそれでいいわけではない」という部分です。

少なくとも現代を生きるわたしたちは、ただ生きるのではなく、身体（からだ）も心も満たされる豊かな暮らしを求めています。そして、そうした豊かな暮らしを発展させ、自分だけでなく、できるだけ多くの人に届けたいとも考えています。さらに、社会全体としてその豊かさを持続できるものにしたい、とも願っているはずです。

デザインを通じた「創造」という営みは、人間のそうした願い、つまり「繁栄し続ける人間社会」を実現するための行為だといえます。

整理してみましょう。

わたしたちのまわりには、過去から現在に至るまで、さまざまな未解決の問題があります。わたしたちが「創造」を続け、より良い生活環境をつくるためには、こうした問題を解決しなくてはいけません。その行為こそが「デザイン」です。

こうした問題を正しくとらえるには、その背景となっている自

然や社会といった環境も考慮しなくてはなりません。

つまり、わたしたちの求める「デザイン」とは、現代から未来へと続くわたしたちの生活環境、自然環境、社会環境といった背景を理解し、今までのモノゴト（モノとコト）のありかたを解釈し直すことを通じて、人類の発展を妨げる問題の解決策を生み出すこと、です。

これが近代デザインの本質の定義ですが、現実の場で応用しやすくするために、さらに簡潔にしてみましょう。

・デザインが意味するのは、
　「新しい状況に適応するための、新しい価値とモノゴトの創造計画と可視化」 です。
・新しい状況に適応するとは、
　「時代の変化によって生まれる問題を解決し、人類が発展を続けること」 です。
・新しいモノゴトとは、
　「問題の解決策となるモノやコト」 です。

こうした概念が、デザインのプロジェクトに正しく反映できているかどうかを確認するのは、非常に難しいことです。これを確認するために、わたしがつくった「デザインの構成図」をご紹介します。今までの解説と合わせて活用してみてください。

デザインの構成図

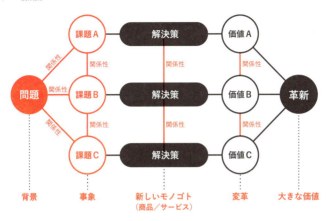

仕事として見たときの「デザイン」

　デザインを実際に活用していくにあたり、1つ注意してほしいことがあります。それは、仕事としてのデザインには、実際にモノを製造したりコトを実行したりする作業は含まれないということです。創造計画を立て、それをわかりやすく伝える（可視化する）までがデザインの仕事（役割）です。

　ここが明確にならないと、「新しい状況に適応するための、新しい価値とモノゴトの創造計画と可視化」という定義と、仕事としてのデザインのありかたに矛盾が生じてしまうのです。

　ちなみに、日本の文部省（現文部科学省）ではデザインを「工業図案」または「造形計画」などと定義してきました。

工業分野における創造計画に特化していることが見て取れます。高度経済成長期の日本にとっては、モノづくり産業を中心とした工業大国になることが急務だったためです。

現在の日本は、仕事としてのデザインを、自社商品の開発という領域から、社会の問題解決のためのモノゴト創りという領域に切り替えていく必要があります。これが既成概念を取り払い、社会に変化と成長をもたらす第一歩になるからです。

とはいえ、日本では仕事としてのデザインが、まだまだ工業や産業という概念に強く縛られ続けています。そのため、既存の事業ドメインのなかで新商品を開発するというところから、なかなか抜け出せないのです。

日本の多くのデザイナーたちは、そうした環境のなかで仕事をしています。教育の現場と、仕事の現場の両方で、デザイナーの持つ試行錯誤や問題解決の視点を「創造計画」に正しく応用する環境を整えていかなくてはなりません。

単に商品の造形を決めるという領域からデザインの仕事を解放することは、現在の状況を変えるために必要な取り組みなのです。

「デザインする」とは、実際には何をすることなのか

モノの見た目を造形することは、デザインという行為全体のごく一部に過ぎないというお話をしました。では、本来のデザイン行為とは何をすることなのでしょうか。

基本的な流れのイメージは次のようなものです。

1. 新しい問題や課題の発見
    （解決が必要な状況に参画する）
    ▼
2. 解決のために対策を練る
    （解決策の創造計画を立てる）
    ▼
3. 対策（創造計画）を可視化し、
    具現化のためにエンジニアに伝える

1はデザインのスタートです。

最初のポイントとなるのは「必要性」を見出すことです。必要性は、「必ず解決しなくてはいけない問題や課題」といい換えてもいいでしょう。プロダクトやサービスといった解決策を考えるよりも先に、これをおこないます。

2からは、解決策を考える「アイデア」の段階に入ります。

アイデアの第一歩は「自分たちには何ができるのか」という仮説を立てることです。この一連の流れには「理想」が深く関わってきます。このとき軸となるのは、問題を解決した先の未来のありかたをきちんと描いておくことです。

つまり「自分たちのプロダクトやサービスが存在することで、問題が解決され、豊かになった理想的な未来の社会」を思い描くことが重要なポイントになります。

3の、可視化して周囲に計画を伝えていく表現作業も、正しく

おこなわなければなりません。投資判断やエンジニアリングにおいて基準となるものだからです。

なお、この 2 と 3 は、Dessin（デッサン）の概念にかなり近いものです。絵画や彫刻などの「素描」や「習作」は、芸術作品におけるデザインの工程だといえるでしょう。

デザインが習作という計画工程までであるのに対し、芸術作品は分業ではなく、デッサンをした当人が、実際につくり上げるところまでおこないます。テクニック（技術）も含めて芸術作品なのです。しかし、産業においては、デザイン工程と実際につくり上げる製造工程は別の役割です。

余談ですが、こうした役割の違いが明確でないため、デザインの仕事と、アートが混同されている部分が大きいように思います。デザイナーにアートを求めてしまったり、デザイナーが自己表現に走ってしまったりする場面は、多くの方が目にしてきたかと思います。

こうしたデッサンの工程が不明瞭であり、軽視されたことは、産業革命後に起きたデザインの混乱の一因だったといえるでしょう。産業革命以前の時代は、この過程を、熟練の職人たちが各々おこなってきました。ところが工業化により、解決するべき問題をきちんと検討せず、資本家が経済性だけを根拠にプロダクトを組み立てさせるようになってしまったわけです。その結果、現場で作業をするエンジニアたちは何の根拠もないプロダクトを無理やり製造することになり、品質はやがて劣化していきました。ユーザーも「安い」か「新しい」という選択肢で選ぶしかなくなってし

まったのです。

　20世紀末の日本でも、ユーザーにとっての必要性をほとんど問うことなく、ひたすら「高機能」「新しい造形」によって消費を煽ってきた側面がありました。今世紀に入り、そうしたプロダクトはもう以前のようには売れなくなったことを実感されている方も多いと思います。しかし、モノづくりの根本的な姿勢が変わらなければ、今後も同じことを繰り返すことになってしまうでしょう。

　先ほどデザインのスタートが「必要性を見出すこと（＝必ず解決しなくてはならない問題や課題を発見すること）」だと強調したのは、この失敗を繰り返さないためでもあります。必要性はデザインの出発点なのです。

　下の図は、モノゴトの開発の流れを示したものです。

　デザインが「創造行為そのもの」であるということが、おわかりいただけるでしょうか。

モノゴトの開発の流れ

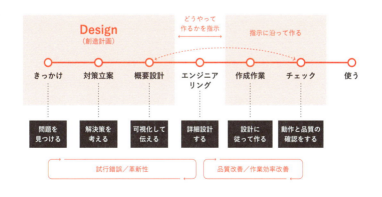

デザインとエンジニアリングの役割分担

デザイン後の工程は、エンジニアリングです。

先ほども解説したように、デザイナーの職務は創造計画を可視化するところまでです。計画に基づいて、実現に向けた具体的な設計をするのは、エンジニアの役割となります。

つまりエンジニアリングとは、デザイン（創造計画）されたモノゴトを実現するための設計をすることを指します。実際にある技術や科学などのリソースを用い、技術的な課題解決を含めた開発内容を決めていく作業です。

もちろん現実の業務においては、デザインとエンジニアリングの役割について、さまざまなケースがあるでしょう。しかし、この役割分担がそもそも勘違いされている場合も少なくありません。

具体的にイメージできるよう、デザインとエンジニアリング、それぞれの役割について、「UIデザイン」を例に解説します。

UIデザインという仕事は、IT業界ではよく知られたものですが、ご存知ない方もおられるかもしれません。

UIは、User Interface（ユーザー・インターフェース）の頭文字で、インターフェースには「仲介」「つなぐ」といった意味があります。つまりIT用語としてのUIは、ユーザー（人）と、機械（コンピュータなど）をつなぐものだと考えればいいでしょう。

また、UIとは本来、ITの世界だけのものではありません。

何かしらの用具や仕組みを利用する際に、利用者の働きかけに

対し、受け入れる側の接点となる機能がUIです。

　コンピュータの操作画面からシャツのボタン、電話サポート窓口、役所の書類手続きまで、利用の際の接点はすべてUIです。

　ITの世界でつかわれているUIという言葉は、ほとんどの場合、GUI（グラフィカル・ユーザー・インターフェース）のことを指します。黎明期のコンピュータは、コンピュータ言語でコマンド（命令文）を入力しなければ操作することができませんでした。そのため専門知識を持った技術者にしか扱えなかったのです。この状況を変えたのが、GUIの発明でした。

　GUIは、グラフィック、つまり、絵を指し示すこと（マウスでクリック、指でタッチなど）で、簡単にコンピュータを操作できるようにする「指差し対話型のUI」です。今や誰もが持っているスマホの「アイコン」などは、もっとも象徴的なGUIの要素だといえば、指差しの意味がわかりやすいかもしれません。GUIの発明により、コンピュータの操作に特別な知識や技術は必要なくなりました。誰でも手軽に高機能コンピュータをつかうことのできる時代が拓かれたのです。

　GUIは、まさにデザインの産物です。
　なぜなら「専門知識が必要で難解な操作がコンピュータの利用価値を狭めている」という課題を解決し、誰もがコンピュータの機能を利用できる未来を創造したからです。間違いなく、デザイン的な視点で生まれたといえるでしょう。
　これに対し、GUIをどのようなものにすれば、ユーザーの操作

がカンタンで、快適で、事故のないものになるのかを具体的に考え、科学的に設計するのがエンジニアリングです。

このエンジニアリング作業が、まさにUIデザイナーの仕事になっています。GUI自体は、ある意味で「すでに創造（デザイン）されたもの」であるため、多くのUIデザイナーは、その操作性の向上や、実装のための設計変更にしか関わっていません。これは本来、デザイナーの役割ではありません。「UIエンジニア」と呼ぶほうが正確です。

こうした状況になっているのは、実装直前の意匠設計までをデザインだと認識している人が大多数だからでしょう。それに加えて、UIデザイナー自身も、自分の仕事を「画面のビジュアルをつくり込んでデータ化すること」だととらえていることがほとんどだという現実があります。

そのため、「デザイナー」という名の人たちがしっかり関わっているプロジェクトなのに、実際には「デザイン（創造計画）の不在」の状態に陥ってしまうという皮肉な状況が生まれています。しかも、その事実に気づくことさえないのです。

この指摘は、単なるそもそも論ではありません。

自分たちで自覚しないまま、売り物や消費のさせかたに固執し、「デザインの不在」のプロジェクトをつくり続けてしまっているという、産業革命の反省を踏まえた警鐘です。

ここで誤解しないようにしたいのは、エンジニアリングにも創造性が不可欠である点です。GUI自体はたしかに「すでにデザインされたもの」であり、画面の設計はデザインでないと説明しま

したが、エンジニアがビジュアルだけつくり込めば機能するかというと、そうではありません。

ユーザーの「気持ち、理解、都合」といったものを的確にとらえ、それらに対し、機能の「構造、配置、表現」で科学的に応える必要があります。それには「本当にこの動作や機能は必要なのか？」「そもそも何のために存在するシステムなのか？」という部分にまで踏み込んで考える必要があるのです。

この深い問いかけには創造性が不可欠です。エンジニアリングの領域であったとしても、科学的根拠に裏付けされた創造力がなければ、新しいモノゴトを設計することはできません。

創造性を失わず、高い創造力を持って取り組むということは、あらゆる場面で重要なのです。

残念ながら、GUIをはじめ、多くのデザインの現場では、創造計画という本来のデザイン行為が軽視されています。このような不合理が起きてしまうのは、「プロダクトをつくること」が目的になってしまい、デザインとエンジニアリングの区別が曖昧になっているからだといえるでしょう。

しかし、この状況は改善可能です。

わたしは20年ほど前から、この「デザイン（創造計画）の不在」を指摘し、その危険性とデザインの必要性を訴え続けてきました。デザイン面での必要性と、エンジニアリング面での工学的な合理性を明確に分け、1ピクセルのレベルで掘り下げて説明できるようにしてきました。感覚での会話を徹底的に避け、専門家として

必要性と合理性で科学的にアプローチしたのです。

その結果、関わるほとんどすべてのプロジェクトで、デザイン（創造計画）からやり直すことに成功しています。プロジェクトのメンバーはその都度変わりますが、それでも、ほとんどのプロジェクトで無益な失敗や事故を回避することができています。

みなさんが扱っているデザインにおいて、「必要性と合理性」の科学的根拠が曖昧なようであれば、それはたいへん危険な状況だと思っていただいてよいでしょう。

「これはデザインなの？」という違和感

UIデザインに限らず、日本の各分野で「〇〇デザイン」とされている仕事の多くが、「デザインの不在」状態であり、革新性が失われています。

たとえば、何でも構いません、思いつく「〇〇デザイン」という言葉の〇〇の部分を、下の〇〇に当てはめてみてください。

「新しい価値を持った〇〇の創造計画」

どうでしょうか？ もしそれで違和感が生じるときは、その仕事は「デザインの不在」に陥っている可能性があります。

違和感の理由にはいくつかのパターンがあります。あるべきデザインの姿を考えるきっかけにもなるので、代表的なものを挙げてみましょう。

エンジニアリングがおもな仕事になっている「〇〇デザイン」

　GUIのデザインもそうでしたが、「創造計画」が正しく理解されていないことで、エンジニアリング工程を「デザイン」としているケースです。

　その代表的なものとして取り上げてみたいのが、日本では市民権を得てしまっている「WEBデザイン」です。求人情報や職歴書、国の公的情報などでも、当たり前のようにWEBデザインという表現がやりとりされるようになっています。これをいい換えると「新しい価値を持ったWEBの創造計画と可視化」となります。本当にWEBデザインはそうした仕事として、社会に認知されているでしょうか？

　デザイン（創造計画）である以上、まったく新しい解釈でWEBを再発明するか、少なくとも、WEBによって新しい世の中を創る、というような仕事である必要があります。しかし、実際にはWEBサイトの制作作業を「WEBデザイン」と呼んでいるのが現実ではないでしょうか？

　WEBデザインが制作を指しているのであれば、それはGUIで解説したケースと同じで、エンジニアリングの領域です。実現するための具体的なつくり込み作業ですので創造ではありません。

　「従来のWEBサイトが陳腐化し、問題や課題に対応できなくな

ってきたため、改善して最新版にしよう」という場合も、エンジニアリングです。

しかし、「新しい役割を持ったWEBサイトで、これまで解決できなかった問題や課題を解決しよう」という場合は、デザインと呼べる可能性があります。

つまり、ありかたそのものを新しく生み出す仕事がデザインであり、既存の役割や概念の延長でつくり上げる仕事は、エンジニアリングによるアップデートです。

なんとなくニュアンスをつかんでいただけたでしょうか？

デザイナーとエンジニアの違い

デザインとエンジニアリングの違いをまとめておきましょう。

デザインとは、未知の問題や課題を見つけ出し、今まで存在しなかったモノゴトでそれを解決するための計画を立てることです。

エンジニアリングとは、既知の具体的な課題を解決（改良、パーソナライズ、カスタマイズを含む）することです。

具現化のための設計や、つくり込みに関する部分は「エンジニアリング」の領域であり、本質的には「デザイン（創造）」ではありません。

ハロルド・R・ビュール
アメリカのアイオワ州立大学機械工学教授。エンジニア、研究者、コンサルタントとしても活躍。設計の場における問題解決の方法を創造工学によって解明し、そのアプローチを提起するため、1960年に著書『創造工学による設計手順』を発表した。

第1章 「デザイン」のリセットが必要な理由

これは半世紀以上前、1960年に出版された『創造工学による設計手順—アイデアからパテントまで』という本で、アメリカのハロルド・R・ビュール（Harold R. Buhl）によってすでに指摘されています。「創造工学」の提唱者である彼はデザインの不在を防ぐために、この点を強調しました。

　参考までに、ビュールによるデザインとエンジニアリングの定義を紹介しておきましょう。

ビュールのデザイン定義
古い問題に新しい解答を与え、人類の要求を満たすこと。そのために、あらゆる情報をつかって比較、理論づけ、総合したうえで、理想化し、想像をめぐらせ、予測をおこない、最高のアイデアを導き出すこと。

ビュールのエンジニアリング定義
科学によって得た情報や理論を利用して、人類の求める「物理的および社会的」必要性を満たすこと。そのために、自身の持つ事実に即した情報収集に留まらず、過去の人が集めた情報をつかって比較、理論づけ、総合すること。

　このビュールの指摘に基づいて、デザイナーとエンジニアを定義してみます。

デザイナー

技術革新にとどまらず、新しいモノゴトを創造し、古い問題に新しい解答を与え、人類の繁栄と持続に対する必要を導き出す人。

エンジニア

科学によって得た情報や理論を用いて、人類の求める「物理的および社会的」必要を満たすために、知性を働かせる人。

いかがでしょうか。

少々表現は堅くなりましたが、デザイナーによって計画されたモノゴトを、エンジニアが技術的に解決（設計）し、実現する、という役割の違いがおわかりいただけるのではないでしょうか。

「デザインとエンジニアリングを明確に区別する」という提案

今この瞬間も、さまざまな現場で、数多くのエンジニアたちが、日々技術の進歩発展に向き合いながら、担当するプロジェクトに真剣に取り組んでいます。そこに安易で曖昧な解釈の「デザイン」を持ち込むのは、エンジニアリングの質を下げることにほかなりません。安易さは、デザインとエンジニアリングという仕事から創造性を失わせることにしかならないのです。

デザインという創造計画は、エンジニアリングによってはじめて具現化するものです。

逆に見れば、正しいデザインという創造計画なしでは、エンジニアリングは現状維持かアップデートの範疇でしか機能しないということです。
　デザイン（創造計画）とエンジニアリング（技術的解決）はクルマの両輪です。社会の成長と発展のためにはこの両方が必要で、そこに優劣はありません。日本でデザイナーの人口比率が極端に低いのは、「モノづくり」を推進し過ぎた反動に過ぎません。

　わたしは、現在つかわれている曖昧な「デザイン」という言葉をリセットし、「新しい状況に適応するための、新しい価値とモノゴトの創造計画と可視化」という仕事をデザインと呼び、それをおこなう人をデザイナーと呼ぶべきだと考えます。そうすることで、デザイナーもエンジニアも、ムダな誤解に振り回されることなく、本来の仕事や役割に全うできるようになるのではないでしょうか。
　これは、〇〇デザインという名のエンジニアリングに対して、創造計画を期待してしまう現在の状況を改善することにつながります。正しいパートナーと、正しい取り組みができるようになるという点においても、デザインを必要としている日本のあらゆるプロジェクトにとって有益なことではないでしょうか。

　デザインは魔法のツールでもなければ、アートでもありません。みなさんの仕事に価値を与え、ひいては人間社会の豊かな未来を創造するための専門科学です。医学と同様、曖昧な仕事であってはなりません。

正しいデザインをおこなうということは、国や企業、われわれ社会人のもっとも重要な責任であり、死活問題に関わることなのです。

POINT

- ☞ 近代デザインは「新しい状況に適応するための、新しい価値とモノゴトの創造計画と可視化」である。
- ☞ デザインの語源はラテン語の"designare（デジナーレ）"で、「計画を記号に表す」ことを意味している。
- ☞ 人間は、ただ生存しているのではなく、身体も心も満たされる豊かな暮らしを求め、社会全体としてそれを持続させたいと願っている。
- ☞ デザインという創造の営みは、「繁栄し続ける人間社会」を実現するための行為。
- ☞ 「プロダクトをつくること」が目的になってしまう要因の1つは、「デザイン」と「エンジニアリング」の役割が曖昧なこと。
- ☞ 役割を明確に区別することで、デザイナーもエンジニアも、本来の仕事を全うできるようになる。
- ☞ 役割が明確になれば、デザインを必要としているプロジェクトが、正しいパートナーを選べるようになる。

第2章 デザイン（創造）に必要なこと

ここまで、デザインの概念について、歴史的な経緯も踏まえ、その定義の部分を確認してきました。

　第2章では、デザインの具体的な要素についてご説明します。いわゆるデザインの教科書などではあまり触れられていない部分にフォーカスしていきますが、ここを理解することで、世の中にあふれる情報を読み解き、自分なりの考察をしながらデザインに向き合えるようになるはずです。

デザインの基本

「問題」と「課題」を区別する

デザインという行為は、「周囲に伝える」という可視化の部分を除けば、基本的に次の3つで成り立っています。

デザインの流れ

1. 問題の抽出 …… 過去から現在に至るまで解決できていない「人間社会を取り巻く解決必須の問題」を見つけ出すこと

　↓

2. 試行錯誤 …… 問題を解決するための策となるモノゴトの発案と、その合理性を検討する工程

　↓

3. イノベーション …… 新しい解釈と再定義によって、革新性や正しい価値を設定する工程

最初のポイントは、問題を見つけ出すことです。

問題解決はデザインの目的であり、軸となるものです。意義あるデザインをするためには、適切に問題を抽出しフォーカスしなければなりません。

これは「問題解決思考」などとも呼ばれる考え方で、デザインを進めるうえでの基本となる姿勢です。

この問題解決思考を貫くにあたって、誰もがぶつかる壁があり

ます。

それが「問題」と「課題」の区別です。

デザインのスタート時にこの違いを考慮することが明暗を分けます。ここを曖昧なままにしておくと、デザインがぼやけてしまうでしょう。両者には大きな違いがあります。

問題と課題の違い

問題と課題の違いについて、わたしが普段つかっているデザインの思考モデルをつかって説明します。

デザインの思考モデル（問題と課題の違い）

「問題」は、それが起きる状態や環境といった、背景にある要因を指します。これらは、人間社会にとって「絶対に解決しなければならない社会問題」であり、「必ずフォーカスする」ものです。

一方の「課題」は、「行動の妨げ（障害）が起きている、具体的なシーン」を指します。いくらでも置き換えがきく「解決したほうがよい」モノゴトで、「必要であればフォーカス」します。

最初は少々わかりづらいかもしれませんが、ニュアンスとしてつかめば決して難しいことではありません。

病気の例

課題　腹痛＝課題　対症療法で根本的には解決しない

問題　不摂生＝問題　腹痛をまねく生活環境を変えて根本から解決

もっともわかりやすい違いは、その深刻さと規模です。

問題に該当するのは、人の生死、社会の存続や維持に関わるレベルのものです。これを解決することがデザインのそもそもの目的であり、必ずフォーカスしなくてはいけないものです。

課題に該当するものの深刻さは、問題ほどレベルの高いもので

人の生死に関わる参考例①「食べ物がなくて死んじゃう！」

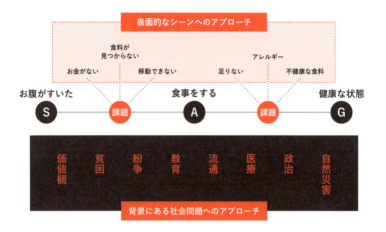

人の生死に関わる参考例②「子どもが産めない！育てられない！」

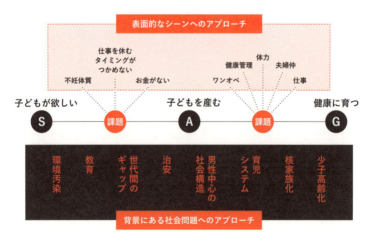

第2章　デザイン（創造）に必要なこと

はありません。背景となる環境に即した行動によって生じている「場面」なので、背景となる問題が解決され、事情が変わってしまえば、その「場面」にこだわる必要はないのです。

待ち合わせの例

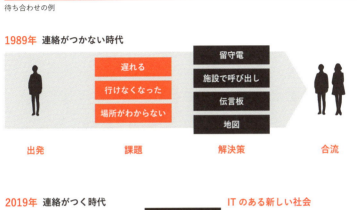

　問題と課題の区別で気をつけたいポイントは、両者はMUSTとBETTERの関係であり、BESTとBETTERではないというところです。

　BESTとBETTERは、品質という尺度での差に過ぎません。し

かし、問題と課題はMUSTとBETTERの関係であり、これは必要性、もしくは必然性の差なのです。

　正しくデザインするには「あったほうがよい」BETTERではなく、常に「なくてはならない」MUSTにフォーカスし続けなければなりません。

　もちろん、実際の現場でおこなわれているのは、常に社会を変えるような大事業ばかりではありません。デザインしていくなかでは、結果的に「既存の状態にフォーカスした課題」の解決に至るケースもあるでしょう。

　その場合であっても、その根本には「問題」を生み出している「背景」につながっているはずです。このポイントを見失ってしまうと、問題は解決されず、対症療法で誤魔化しているだけの状態に陥ってしまうのです。

「課題」と「答え合わせ思考」に引きずられると「問題」は見えなくなる

　事業創発プロジェクトのコンダクションをおこなうとき、わたしが最初に説明するようにしているのが、この「問題」と「課題」の区別です。

　なぜなら、ビジネスの現場にいると、わたしたちは無意識のうちに商売上の都合に引っ張られ、知らないうちに「問題」ではなく、「課題」を解決しようとしてしまうからです。そうなってしまうと、デザインの軸となるべき背景問題がどんどん見えなくなっていきます。

たとえば、あるメーカーが事業創発と銘打ち、プロジェクトを立ち上げたとしましょう。そこに参加する社員やパートナー企業は、当然、そのメーカーの事業ドメインという商売的な都合を強く意識することになります。そのこと自体は当然でしょう。しかし、それはあくまでも売り手であるメーカーの「課題」であり、人間社会の「問題」ではありません。

　ところが、多くの場合、その「課題」（売り手の都合）がまるで絶対的なルールのようになり、いつしか、その事業創発プロジェクトで解決するべき「問題」であるかのようになってしまうのです。

　そうなってしまう要因は大きく2つあります。
　1つは、企業とプロジェクトメンバーの関係性です。
　企業に所属する社員であれば、誰もが「上司の意図に沿った結果を出して評価してもらいたい」または「自社の儲けが多くなるよう、現在の事業を大きくしたい」という意識を持っているものです。またプロジェクトに参加するパートナー企業にも「顧客との関係性を悪くしたくない」という意識があるので「できるだけ相手の指示に従おう」という忖度ともいうべき姿勢になりがちです。

　これらは企業の創発プロジェクトが軸とするべき社会的な「問題」ではなく、企業や担当者の「課題（都合）」でしかありません。多くのメンバーがこの領域から出られなくなってしまうことで、強いバイアスがかかり、全体がこの「課題（都合）」に引っ張られ、「問題」を見えなくさせてしまいます。

もう1つは、社会的な価値観です。

　わたしたち日本人は、レールから外れた行動を避けようとする傾向があります。その背景には、できるだけ和を乱さず、ルールに従うことが正しいという道徳観があります。これに加え、学校や企業では「失敗すれば減点される」という減点式の評価にもさらされています。その結果、我々日本人は、レールから外れることをまるでタブーであるかのように感じ、迷惑がるようになるのです。

　こうした、ルールを守ることを是とし、新しい試みを迷惑なこととしてとらえる価値観は、わたしたちを「答え合わせ思考」に陥らせています。「答え合わせ思考」については本書の「はじめに」や第1章でも紹介しましたが、つまりは誰かが設定した「答え」ありきの考え方しかできなくなり、自問自答によって自ら考えるという姿勢を失わせてしまうということです。アイデアをただ提案する場面でさえ、まるでクイズ番組の「ファイナルアンサー」かのように、絶対に間違うまい、汚点だけは残すまいとして、当たり前の無難なことしか口にしないか、黙り込むようになるのです。

　創発プロジェクトのメンバーの大半がこの状態になり「答え合わせ思考」に引きずられてしまうと、誰もがすでに知っている無難な事実以上のアイデアは集まりません。

　企業の「課題（都合）」を中心にした「答え合わせ思考」に陥ってしまえば、当然、デザインに必要な創造性は発揮できないでしょう。プロジェクトを立ち上げ、何度も議論を重ねたのに「既存の製品のアップデート版」「商品を今よりもたくさん売るためのチ

ャネル」といった革新性のない無難な結果になってしまうのは、こうした要因があるからです。

問題にフォーカスし、創造的な思考を進める

事業創発プロジェクトが正しく問題解決に向き合い、創造的で活発なやりとりをするためには、参加メンバーの目線や姿勢を「課題（都合）」や「答え合わせ思考」の呪縛から解きはなつ必要があります。そのアプローチをする際に、わたしがよく引き合いに出すお話を、2つほどご紹介しましょう。

メガネ業界の例

メガネは、眼科の処方箋が必要な医療機器です。
そのため、メガネ業界では販売店などを中心に、長年にわたって「認定眼鏡士」「協会制度」「保険制度」といった仕組みを構築し、医療を軸にした業界をつくり上げてきました。しかし、こうした「医療機器としての信頼性や品質を高める」というアプローチはメガネ業界の都合であり、次第に人々の生活スタイルと合わなくなっていきます。
その一因は、メガネに求める価値の多様化です。コンタクトの普及、ファッションとしてのメガネ需要の高まり、また高輝度ディスプレイの登場によるブルーライト軽減対応のＰＣメガネの一般化などがそれにあたるでしょう。これらは「視力に合ったメガネをつくる」という従来の目的とは異なる価値だといえます。

さらに「時間」に対する感覚も変化していました。「ショートカット効果」とも呼ばれますが、現代人は「時間がかかる」ことを損をするムダなことと感じています。そうした時代に、わざわざ仕事を休んで平日の昼間に眼科に行き、処方箋を手に入れ、メガネ販売店を訪れ、納品までさらに2週間も待つ、という手続きはかなりの負担です。

こうして時代に適合しなくなった従来のメガネ業界に台頭したのが、みなさんもよくご存知のJINSやZoffといった新興事業者です。

彼らは、メガネを医療機器でなく、ファッションとして設定しました。医療を軸に縛ろうとすれば、当然処方箋というプロセスが優先されます。しかし、医療機器としてのメガネにそこまでのこだわりを持っている人はあまりいません。老眼、近視、遠視、乱視といった視力に対する機能は、店舗での検眼で調整できるレベルで充分だったのです。検眼機能を備えた店舗は以前にもありましたが、デザインは従来どおりで高額、選べる品数が少ない、出来上がりまでに数日を要する、といったものでした。

JINSやZoffはその点も改善し、ファッションと実用性を兼ね備えたメガネを大量に店頭に並べます。メガネに関わるたらい回しから人々を解放し、時間と費用を大きく抑えたその戦略は、「手軽にメガネを手に入れたい」という時代の風潮に応えるものだったといえるでしょう。

彼ら新興事業者がおこなったのは、旧来のメガネ業界が持っていた「医療」という視点の枠から外れ、「利用者」の視点に振り切ることでした。「メガネは医療機器なのだから、信頼性と品質こそが重要である」という価値観から抜けられない旧来のメガネ事業者にとって、新興勢力は「半医半商」のような存在に見えたことでしょう。しかし、多くの人々が望んだのはそちらでした。業界の勢力図はあっという間に塗り替えられ、シェアを奪われることになったのです。

　なぜ、従来の事業者には、こうした発想の転換ができなかったのでしょう。
　苦労してつくり上げたシステムを捨てられないという「負の遺産」の有無という面もありますが、やはり「課題（都合）」と「答え合わせ思考」に関わる部分のほうが大きいでしょう。「メガネは医療機器である」という業界内の価値観と、従来のルールを守ること、そして、事業ドメインである「医療機器を売る」というレールから外れられなかったのです。
　彼らがフォーカスするべきだった「問題」は、「利用者の生活」という都合でした。しかし、実際には「業界（経済）の都合」という「課題」を優先してしまい、その解決に引きずられたことで、それができなかったのです。

銀行業界の例

　銀行の基本機能は、平たくいえば信用に基づいた資産運用です。
　人や組織は、銀行に資産（多くの場合はお金）を預けます。銀行は信用に基づき、その資産を他の誰かに貸し出します。借りた人は、その資産で経済活動をおこない、資産を増やし、返済します。銀行は、最初に預かった資産に利子をつけ、人や企業に還元する、という運用をします。
　銀行のこうした運用の中心にあるのが金融なのですが、その背景には「社会的な価値を生み出す活動を経済的に支援し、人間社会の発展と成長を支える」という大切な役割があるはずです。しかし、現状はどうでしょうか。日本の銀行業は、高度にシステム化され高い信用を築いた一方で、社会貢献という大切な役割を果たすことが困難な状況に陥っています。

　その影響がとりわけ顕著なのは地方でしょう。国として見ればＧＤＰ１％程度の成長を維持している一方で、少子高齢化による経済的な影響が強い地方・地域経済は少しずつ減衰しているのが実情です。この減衰を止めるうえで重要なポジションにいるのは地方銀行ですが、全国各地でおこなわれている「地方創生」を掲げた取り組みに対し、有効な影響力を発揮できているとはいえません。足踏み状態に陥っているのが現実です。

　たとえば、代表的な地方創生事業の１つに、観光や特産品を軸にした消費の活性化があります。これは、いかに多くの人を他の

地域から呼び込むかという視点での取り組みです。しかし、全国的に人口がどんどん減少していく社会において、こうした人の奪い合いには自ずと限界があるのは明らかです。インバウンドにしたところで、もし一時的に成果が出ても、持続的な施策にはならないでしょう。

こうなってしまうのは、「既存のシステムや制度を守る」ということに引きずられているからです。そして、ミスを恐れ、試行錯誤に踏み出せない評価制度といった、答え合わせ思考をせざるを得ない環境面の問題も大きいでしょう。結果として「社会の発展や成長に貢献する」という本来の役割、つまり解決するべき社会の「問題」にフォーカスできなくさせています。

こうした状況を受け、現在では、銀行業以外のリテール事業者や通信事業者といった、従来の銀行業の枠組みに縛られない事業者たちが、この役割を担うようになってきました。

楽天、イオン、セブン＆アイ、au、ソフトバンクなどが、消費者金融ではなく銀行業に近い内容で金融業に乗り出したのはその現れだといえます。彼らはもともと生活者に近い場所で事業をおこなってきました。そこから、経済面での支援にも力を入れ始めたのです。

通信事業者のソフトバンクも、スクエア、PayPal、PayPayといった決済サービスに取り組んできましたが、それは決済手数料を目的としたものではなく、旧来の金融業界都合の決済手続きの不便さによって、行動が制限されてしまっている状況から生活者を

解放し、より自由で革新的な生活スタイルを模索している取り組みといえます。

決済手続きの都合から解放されれば、レジ、カード、現金、ATMなどといったシステムが生み出すさまざまな障害がなくなるだけでなく、こうした決済環境を用意できなかった事業者に数多くのチャンスがもたらされ、社会の多様化、試行錯誤の環境が促進されていくでしょう。

この他にも、人や企業への出資、活動支援をおこなう事業者は増えています。彼らに共通するのは、そのほとんどが、銀行業の枠にとらわれない新興勢力だという点です。

これは旧来の銀行から「社会に価値を生み出す活動を経済的に支援し、社会の発展と成長を支える」という役割が奪われていることを示しています。

銀行は今こそ「金融システム」というお金を軸にした機能面から一歩踏み出し、地域社会に寄り添い、支援するという本来の意義に目を向けるべきなのです。

金融庁はこうした内容をかなり前から指摘していますが、具体的な解決策は提示してきませんでした。

答えは各銀行が自分たちで見つけ出すように、という金融庁の指導のありかたは「答え合わせ思考」でとらえてしまうと、かなり無責任な上から目線の押し付けとも感じられるものです。しかし、感情的な部分を抜きにすれば、金融庁が指摘している銀行の役割の重要性については、異論はないでしょう。

どうすればよいかわからない、という部分が正体ですので、答えを探すのではなく、「答え合わせ思考」や「課題（都合）」に固執するのをやめることが、解決への糸口になるはずです。

　いかがでしょう。
　これはメガネ業界や銀行業界だけの話ではありません。日本中のほとんどの業界が同じ状況です。
　多くの人が、自分が属する業界や組織の枠組みにとらわれ、「どうしたら既存の商品が売れるか」という目先の「課題（都合）」に引きずられているのではないでしょうか。そうした取り組みで生まれるのは、BETTERな新商品までです。
　これに対して、新興勢力のように「課題（都合）」や「答え合わせ思考」にとらわれずに根本的な「問題」にフォーカスすることができれば、社会全体にとってMUSTなモノゴトが生まれる可能性が出てきます。

　これこそが、デザイン＝創造に向き合う意識改革の第一歩なのです。

思い込みからアイデアを解放する試行錯誤

　課題にとらわれず、本質的な問題にフォーカスすることができたら、次は試行錯誤（プロトタイピング）の工程に進みます。

　試行錯誤は「創造」には欠かせないものです。実際に可視化し、

試してみるという行為が、思い込みに縛られた状態からアイデアを解放するためには絶対的に必要だからです。

　生命の進化をイメージするとわかりやすいでしょう。動物、植物、この地球上にいるあらゆる生き物の「種」は、すべて遺伝子の突然変異によって誕生しました。その種が繁栄するか、消えてしまうかの差は、環境に適応できるかどうかです。現在の地球にいる生物は、環境の変化に適応し続けた種だといえます。いわゆる「適者生存」「自然淘汰」のプロセスですが、これは自然界における「試行錯誤」そのものです。

　これは生物だけでなく、世界中に存在するあらゆるモノ、コトにも共通する法則です。そのモノゴトが残るか、消えるかは、その社会において、機能するか、しないかの差だといえます。社会環境は常に変化しますし、機能しないものはいずれ淘汰されますから、わたしたち人間は試行錯誤を繰り返し、環境の変化に適応し続ける必要があるのです。

　デザインにおける「試行錯誤」とは、見出された「問題」とその「解決策」、そして解決の先にある「未来」を、さまざまな仮説を立てて、実践し、検証することです。

　ここでのポイントは「可視化」です。

　頭のなかで成立しているだけのモノゴトは、それがいくら創造的で画期的でも、妄想と区別がつきません。何らかのカタチで可視化すれば、他人に説明したり、チームで共有したりできるアイデアに変わります。

　この可視化のためにつくられるのがプロトタイプ（試作）です。

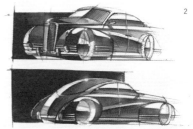

プロトタイプの例 ①19世紀フランスのアカデミズム絵画を代表する画家、ウィリアム・アドルフ・ブグロー(William Adolphe Bouguereau, 1825〜1905年)によるデッサン。②自動車のパース。③自動車のクレイモック(モックアップ)。

試行錯誤をプロトタイピングと呼ぶのはそういう意味です。

プロトタイプには、さまざまな表現方法があります。

「モノ」であればデッサン、スケッチ、パース、カンプ、モック(モックアップ)と呼ばれるものを事前につくります。

「コト」であれば、これらに利用イメージ、事業計画、デモンストレーションなど、時間軸や体験につながる可視化を追加することもあります。

仮説を可視化したプロトタイプは、検証に利用されます。その役割はおもに次の3つです。

> プロトタイプのおもな役割
> 1. 実際につくり、見てみることで頭のなかを整理できる
> 2. 他人とアイデアを共有することで、新たなアイデアを乗せる触媒になる
> 3. 実現のための合理性を確認できる

1は、文字どおりの意味です。自分が無意識のうちにとらわれていた思い込みに気づく機会になります。

2は、可視化の持つ最大のメリットです。誰かの頭にあったアイデアが、プロトタイプを通じて、プロジェクトメンバー全員の共通言語になります。共通言語があれば、新しいアイデアの交換がやりやすくなり、より多くの視点から検証できるようになります。また、ベースとなったアイデア（仮説）に、新しい気づきを乗せ、不要な部分を削りとることで、最終的に目指すゴールが浮き彫りになっていきます。

3は、仮説をプロトタイプで可視化することで、具現化のためのコストや障害を事前に把握することができるという意味です。この検証をしっかりおこなっておくと、あとになって「じつは実現不可能だった」という事故が防げるだけでなく、ムダなアイデアに時間をつかわなくて済むようになります。

試行錯誤（プロトタイピング）での失敗は、成功の種

　プロトタイプをつくると、仮説（アイデア）の辻褄が見えてきます。合っている部分と、合っていない部分の両方が浮き彫りになってくるのです。辻褄が合わないケースはさまざまです。

　頭のなかにあるアイデアが上手く可視化できない場合は、妄想である可能性が高いものです。

　他の人にアイデアが伝わらない、新しいアイデアが出てこないという場合は、強引にこじつけをしていて、辻褄が合っていないという証拠です。

　具現化できないことが確認された場合は、そのアイデアではプロジェクトが実行できない証拠となります。

　たとえプロトタイプとはいえ、大事なプロジェクトの過程で失敗をするのは嫌なものです。しかし、1度や2度で挫折し、その失敗に新たなアイデアを乗せることなく、最終的な評価を下してしまうべきではありません。

　デザインにおいては、失敗の先に進むことこそがもっとも重要だからです。そのための「試行錯誤」なのです。

　デザインの過程で起こる小さな失敗は、すべて「こうすると上手くいかない」という実践例が1つ増えた状態ととらえることができます。失敗によって見つかった制限は、画期的なアイデアを生み出します。失敗は、むしろ大きな前進であり、成功への王道なのです。

プロトタイプを検証する段階で見つかる失敗はなおさらです。失敗の事実をきちんと受け入れて、検証し、さらに多くの人間の知恵や経験、発想を持ち寄って、1人だけでは想像し得なかったような新しい解決策を導き出すことが可能になるのです。

　ところが、残念なことに、多くの現場でこのような試行錯誤（プロトタイピング）はおこなわれていないのが現実です。プロトタイプの段階で完成を求めてしまったり、プロトタイプに問題があることがわかっても、そのまま具現化の工程に進んでしまったりするケースが多く見受けられます。

　そうなってしまう要因の1つは、やはりコストでしょう。利用者の都合や社会的な問題を解決することよりも、企業の都合が優先されてしまうのです。失敗を成功の一部ととらえられない組織では、失敗を浪費とみなします。担当者も失敗を隠しながら強引に進めることで、失点と見られないよう取り繕ってしまうでしょう。

　しかし、そのようにして生み出された、臭いもの（失敗）に蓋をしている状態の製品やサービスに、問題を解決できる機能が備わるでしょうか。デザイン過程での小さな失敗を無視することは、その後の計画、開発、リリース、あらゆる場面での破綻につながります。いくら表面を取り繕っても、社会が必要としないモノゴトになってしまえば誰も利用しません。それこそ、取り返しのつかない大失敗となるでしょう。

　これを防ぐのが、試行錯誤（プロトタイピング）なのです。

プロトタイプをつかって、利用者を含めたあらゆる関係者の視点から検証し、小さな失敗を解決するという作業を繰り返せば、取り返しのつかない失敗は防ぐことができます。

　検証に参加するメンバーに求められるのは、問題解決思考です。失敗を指摘するだけ、アイデアを否定するだけでは、何も創造できません。全員が失敗を受け入れたうえで「こうしてみてはどうか？」「ここを変えたらどうか」と現実に即したアイデアを練り上げていく姿勢が大切です。

　こうした小さな失敗の繰り返しを科学的に機能させる技術が「デザイン」であり、その専門家がデザイナーなのです。

正しくデザインされたモノゴトは、失敗を成功に変える

　正しく科学的にデザインされたモノゴトであれば、問題や解決策、そして価値といったアイデア全体の辻褄が説明できる状態になっているはずです。リリース後に失敗が起きたとしても、漠然と「失敗した」という状態にはならず、どこがズレていたのかが指摘できる状態になっているのです。

　これは、リリースまで含めたプロジェクト全体を試行錯誤（プロトタイピング）であるとする姿勢です。実際に利用者に是非を問い、その結果に基づいて新しいアイデアを練り直し、再びリリースする、というわけです。正しく科学的にデザインされていなければ、利用者のネガティブな反応の理由は読み解けません。

　この姿勢を最大化する方法もあります。プロトタイプ状態のも

のを、とりあえずリリースしてしまうという方法です。海外の新興企業などがよく用いる手法で、迅速に事業を始められ、利用者目線で検証できるというメリットがあります。インスタグラムなどは、プロトタイプ的なサービスを出しては閉じるということを繰り返した結果として成功したサービスの典型です。

いずれにしても、いちばん良くないのは、身内の都合にとらわれた「答え合わせ思考」にハマり、失敗を指摘するだけで何も行動に移さなかったり、失敗を無視したりすることです。たとえリリース後であっても、そこに問題解決思考があれば、失敗から何かを生み出すことができます。それは成功の一部なのです。

過去に同じようなアイデアが上手くいかなかったからやらない、という場面をよく目にしますが、これはアイデアが悪いのではなく、デザインされていないことが原因です。正しくデザインをすれば、同じようなアイデアでも上手くいくでしょう。

プロジェクトに参加するすべての人が、あらゆる工程において「試行錯誤（プロトタイピング）」を意識し、答え合わせ思考ではなく、問題解決思考で検証することが、デザイン（新しいモノゴトの創造）の最低条件です。

どうしても上手くいかないのであれば、コンダクター(指揮者)として、試行錯誤（プロトタイピング）の専門家であるプロのデザイナーにサポートしてもらえばよいのです。

デザインのゴールはイノベーション

デザインのゴールは、イノベーション（人間社会の革新）にあります。

いささか大げさに聞こえるかもしれませんが、創造活動をおこなううえでは、意識し続けなくてはならないことです。

人間社会は、レボリューション（革命）とイノベーション（革新）を繰り返し、パラダイムシフト（刷新）によって発展してきました。

革命と革新は常に成功するわけではありません。ときに大きな失敗をすることもありますが、その都度新しい変化が起き、社会は存続してきました。革命と革新という試行錯誤を繰り返し、進化を遂げ、発展してきたのです。

イノベーションという言葉は訳語として単に「革新」ととらえてしまいますが、「新しく改める」という意味あいが重要です。「つかえなくなったものを、つかえるものと入れ替えること」だとイメージするとわかりやすいかもしれません。その入れ替えが大衆に受け入れられ、新たな常識（価値観）として広まった状態がパラダイムシフト（刷新）です。

イノベーションとよく比較される言葉に「進歩」や「改善」があります。これらは「つかえなくなってきたものを直して、つかい続ける」という意味です。英語でいえば、update（アップデート）か version up（バージョンアップ）にあたります。イノベーションの「入れ替える」という意味とはレベルの違うものです。

その意味からすると、世の中に溢れる新商品の多くは革新ではなく、進歩や改善の産物だということがわかります。「新商品への買い替え」は一見すると革新につながりそうですが、機能や見た目が変化するだけでは、イノベーションとは呼べません。なぜなら、そのモノゴトが持つ役割自体は変わらないため、「入れ替える」ことにはならないからです。イノベーションでは、モノゴトの従来の役割自体が要らなくなるということが起こります。

　この違いについて、高度経済成長期に「三種の神器」と呼ばれた電気冷蔵庫、テレビ、電気洗濯機を例にとり、考えてみましょう。

　電気冷蔵庫は、食にまつわるあらゆることを大きく変えました。従来は手に入れることのできなかった遠方の食材が広く流通するようになったことや、生の食材の腐敗予防という健康への貢献という点などでも、社会的な革新につながったのは間違いありません。これは冷蔵庫が今までになかったモノであり、食のありかたを変えるイノベーションを起こしたといえるでしょう。

　テレビは、それまで見ることのできなかった世界中の映像情報を各家庭に届け、情報や知識、想像力のありかたを変えました。娯楽としても、人々の生活を大きく変えたといえるでしょう。メディアという意味では、すでに存在していた新聞や映画の役割をアップデートしたものですが、社会的な価値観や生活を変えたという点では革新、イノベーションと呼べるものです。

電気洗濯機は、家庭の主婦を、洗濯板とタライをつかった重労働から解放しました。その社会的な貢献によって「革新的だ」といわれることがあります。たしかに自動化によって労力や時間的負担は大きく軽減されました。しかし「洗濯しないと服がない」という生活スタイルが革新されたわけではないのです。

イノベーションとは「洗濯という行為自体が必要なくなった」とか「衣服を所有するという概念がなくなった」というレベルの出来事です。電気洗濯機は家事労働を大幅に「改善」しましたが、従来の衣服のありかた自体は「革新」されていないので、本書では、これをイノベーションとは呼びません。

ただし、電気洗濯機が単体でイノベーションを起こしていないにしろ、電気冷蔵庫など他の家電製品と組み合わせて見てみれば、非常に革新的なものです。なぜなら、家事をし続けていないと生活が成り立たないという、女性を家に縛りつけていた最大の理由を無くし、女性が社会で活躍できる状況を生み出したからです。そういう意味では、電気洗濯機もイノベーションの一翼を担っているといえます。

創造か進歩か

デザインのゴールはイノベーションにあると書きましたが、わたしたちは、本当に改善や進歩でなく「革新」を目指しているのでしょうか。

たとえば、ビジネスの現場で「新商品の開発」と「事業創発」を明確に区別することは少ないと思います。その境界線は曖昧で、多くの場合「どちら寄りか」というのが実際のところではないでしょうか。事業ドメインにとらわれず、まったく新しい事業を生み出すという取り組みは、非常に稀です。ほとんどの場合、現状の商品をアップデートするのか、現状の商品ベースで新しい事業を考案するのか、といった範疇でおこなわれているのではないでしょうか。

　創造とは、社会における問題を見出し、それを解決することで、人間社会を刷新するようなモノゴトを生み出す行為です。古い何かが役割を終え、代わりに、新しい何かが新しい役割を与えられて誕生するのです。
　デザインのゴールは、常に、こうしたイノベーションやパラダイムシフトです。創造活動に関わる際には、自分の手がけるプロジェクトが「進歩」なのか「創造」なのかを意識しなければならないのです。

　「新しい洗濯機を生み出そう」としていたら、決してイノベーションは生まれません。「洗濯をする」という行為自体に関わる問題を解決し、その役割を必要としない世界を考えるところから、創造は始まります。もしそれが描ければ、それは正しくデザインされたものになっていきます。

　ただ、誤解しないでいただきたいのは、デザインが目指すべき

ゴールは「創造」ですが、「進歩」もまた重要なのです。

両者の関係は、「創造」が変化を生み、それを「進歩」によって持続させる、と考えればいいでしょう。イノベーションによって生まれた新商品が、アップデートによって技術的に進歩し続けるイメージです。

デザインという「創造計画」と、エンジニアリングによる「技術的な解決」はシームレスなものでなくてはなりません。

創造されたモノゴトには進歩が必要であり、進歩が限界に達すれば、創造によって刷新しなくてはならないのです。

POINT

- ☞ デザインは「問題」と「課題」の抽出と区別から始まる。
- ☞ 「問題」は、状況や環境といった背景にある要因のこと。
- ☞ 「課題」は、困りごとが起きているシーンや、そこで発生している事象にあたるもの。
- ☞ 表面的な都合を重視すると、「答え合わせ思考」や「課題」にフォーカスしてしまい、背景にある「問題」が見えなくなる。
- ☞ 試行錯誤によって、思い込みからアイデアを解放させる。
- ☞ 正しいデザインのなかでおこなう試行錯誤(プロトタイピング)の失敗は、成功の一部であるととらえ、挫折しないことが大切。

「問題抽出」のポイントは「知らない」に向き合うこと

すべての問題の要因には「知らない」がある

先ほど、デザインを進めるうえで大切なのは「問題解決思考」だと解説しました。では「問題」とは何でしょうか。この問いを極限まで突き詰めていくと、そこには必ず「知らない」という要素が関わっています。

- 知らないことで問題が起き、知らないからこそ問題は対処されません。
- 知らないことで理解しあえず、争いが起きます。
- 知ろうとしないと、人と社会は衰退していきます。

ソクラテス（紀元前469頃〜紀元前399年）　古代ギリシャの哲学者。「はかない人間ごときが世界の根源・究極性を知ることなどなく、神々のみがそれを知る、人間はその身の丈に合わせて節度を持って生きるべき」という思想のもと、「無知の知」を提唱した。

古代ギリシャの哲学者ソクラテス（Socrates）は「自分は何も知らないということを知っている」という、いわゆる「無知の知」を説きましたが、このような「知らない」ということに向き合う姿勢、そして「知らないことを知ろうとする」のは、人類

が持つ最大の能力といえるものです。

・知ることができれば、解決策を見出すことができます。
・知ることができれば、理解し共感することができます。
・知らないことを自覚できれば、知ろうとすることができます。
・何も知らないからこそ、成長し、未来に向かって生きていこうとします。

つまり「知らない」という事実に向き合うことが、創造における最初の取り組みになるといえます。

この自分の知らないことを見つけ、それを知り、知ったことを応用して行動する、という人間の能力を科学的に突き詰めたのが「近代デザイン」なのです。デザインを学ぶということは、「知らないこと」に向き合う能力を学ぶことでもあるのです。

「知らない」ことで起きる問題とは

先ほど、すべての問題には「知らない」という要素が関わっていると書きました。社会に存在する問題のほとんどは、1つの原因によって生じているわけではありません。いろいろな要素が相関関係によって複雑に絡み合った結果、問題が生じているのです。ここで重要なのが、「知らない」ということ自体は「原因」ではなく、あくまで原因を構成する「要素」だということです（因果関係と相関関係の違いについては、のちほどご説明します）。

このことを踏まえて「知らないこと」で起きる問題について、例を挙げて考えてみましょう。

1つめは紛争です。

紛争は、人間が引き起こす問題の筆頭ではないでしょうか。国家間の戦争のような大規模なものから、個人同士のケンカのような小規模なものまで、古来、人類を悩ませ続けている世界的な問題です。

それぞれの紛争には、もちろん複雑な個別の要因があるでしょう。しかし、分析を深めていけば、必ず「知らない」という要素が大きく影響していることがわかります。

たとえば「相手のことを知らない」といったものです。

ほとんどの紛争は、価値観の相違や誤解によってエスカレートしていきます。

もし、わたしたちが相手の人間性、都合、価値観、意図、感じ方、といったものを正しく「知ること」ができれば、相手の立場を理解して会話することができるかもしれません。会話が成立すれば、お互いに解決策を模索することもできます。

そこに至らない場合は、会話する方法や解決策を見出す方法を「知らない」だけの可能性があります。そうであれば、その方法を「知れば」良いのです。

ドラえもんの有名なセリフに「どっちも正しいと思ってるよ。戦争なんてそんなもんだよ」というものがあるのをご存知でしょうか。まさにそのとおりで、複雑に見える要因も解いていくと、本

当に「そんなもんだ」というケースは予想以上に多いはずです。

　２つめは病気です。
　病気は、人類にとって生命や健康を脅かす重大な問題です。現代医学は驚くべき進歩を遂げ、歴史上かつてないほど多くの命が救われるようになりました。人類の平均寿命は、今も延び続けています。
　しかし、病気そのものはなくなっていません。
　病気を引き起こす原因はさまざまですが、やはり病気を「知らない」ことは大きな要因だといえます。

　たとえば風邪。風邪は正確な病名ではありませんが、もっとも一般的で誰もが経験するものの１つでしょう。この「風邪をひく」という単純な課題さえ、いまだに解決されていません。もちろんそのメカニズムや治療法について医学的な知見は高まっています。とはいえ、個人個人がどういう経緯で風邪をひいてしまうのかはまだ「知らない」のです。
　風邪をひくのは、おそらく複雑な要因の相関関係の結果です。ある人は「寒いところにいたからだ」と思い、ある人は「あの人にうつされたからだ」と思うかもしれません。しかし、厳密に知ることはできません。
　「何℃の場所に何分いれば風邪をひくのか」は知りません。「誰にどうやって何をうつされると風邪をひくのか」も知りません。それが原因かどうかすら知らないのです。
　わたしたちが、どうすれば風邪をひくのかを「知る」ことがで

きれば、予防することも可能になり、誰も風邪をひかなくなるでしょう。これは後天的にかかる病気のほとんどについていえることです。何をすればどんな病気にかかるのかを「知ること」ができれば、わたしたちの対処次第で、その病気を避けることができます。

病気のなかには、先天的な疾患で、現代医学では対処できないものもあります。その場合はメカニズムを「知ること」と、それを解決する方法を「知ること」で、対処できる可能性が生じます。

より現実的なレベルでいえば、すべての人が医療相談において「正しい相手」「正しい説明方法」「正しいタイミング」を「知っている」状態になれば、かなり多くの病気を治療したり予防したりできるはずです。

少々極端な例を挙げてしまいましたが、みなさんが扱っているプロジェクトも、詰まるところ「知ってしまえば解決できる」ケースが少なくありません。

ですから「何を知らないことが影響しているのか」を要素として見極めることが、デザインの第一段階である「問題の抽出」において重要になるのです。

「知」の3段階レベル

「知らない」が問題の基礎要素であることはお話ししたとおりですが、「知らない」にフォーカスするためには「知（知っている）」の状態についても理解しておかなくてはなりません。

じつは「知」には段階があります。大きく3つのレベルに分けることができ、そのレベルを調整することで問題が解決されることも少なくありません。

下の図を参考に、解説します。

「知」の3段階レベル

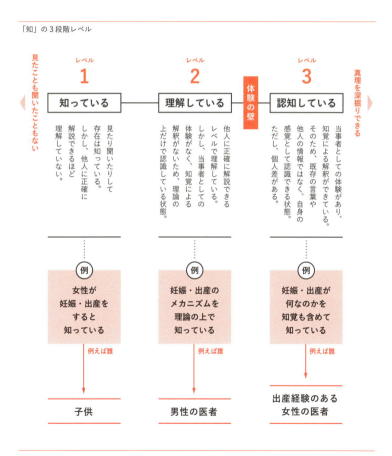

知の第1段階：知っている

　知の最初の段階は、単に「知っている」というレベルです。

　他人に説明できるほど詳しくはないものの、見たり聞いたりしたことがあり、存在程度は知っているという状態です。

　たとえば、子どもの「女性は妊娠・出産をする」という知識がこれにあたります。知ってはいても、内容についてはよくわかっていないレベルです。こうした段階の知識は、知っているからといって実生活で役に立つことはあまりありません。

　暗記主体のいわゆる詰め込み教育は、このレベルの知識を大量に覚えさせ、評価するものといえます。答え合わせ思考に陥る一因でもあります。

知の第2段階：理解している

　知の第2段階は「内容を理解して、正確に説明できる」というレベルです。

　理論的に理解し、他人に対して正確に説明できる状態ですが、実体験による知覚がないのが特徴です。

　たとえば、男性の産婦人科医が「女性の妊娠・出産のメカニズムを理論的に知っている」という状態が、これにあたります。

　このレベルの知識は、社会的に有用で、大いに役立つものです。

　海外の先進諸国では、こうした「理解し説明できる」能力の育成を前提にした教育がおこなわれています。「自分の言葉で説明できる」ことが評価されるわけです。

知の第3段階：認知している

　知の第3段階は「体験を通じて知覚していて、当事者として認知できている」というレベルです。

　つまり、実体験に基づいた「知る」であり、体験することのできない人には決してたどり着けないレベルです。

　たとえば、出産経験のある女性産婦人医の場合、妊娠・出産について「メカニズムを理解している」という第2段階に加え、「妊娠出産したことがある」という実体験を伴わせることができます。認知とはこれにあたります。

知の段階によって、思考は違ってくる

　知の段階は、思考にどんな影響を与えるのでしょう。

　「アマゾンの共同創業者でCEOのジェフ・ベゾスが『パワーポイント（パワポ）は仕事のプラスにならないとして、社内に使用禁止令を出した』というニュースを見たときの反応」を例にとって解説してみましょう（このニュースは実際に報じられたものです）。

> 第1段階にある人の思考例
> 「パワポをつかうと仕事ができなくなるんだな。パワポつかってたら恥ずかしいんだね」

第2段階にある人の思考例

「パワポはつかいにくい、という意見をよく聞く。でも他社とのやり取りでは主流だし、全面禁止にするわけにもいかないだろう。どういう場面でどのようにつかえば仕事のプラスになるか、もしくは、パワポの他にどんなツールが有用なのかを調べて共有しよう」

第3段階にある人の思考例

「自分もパワポ文化の悪影響を見てきたし、ベゾスの考えはよくわかる。パワポ自体がダメというよりも、パワポという『資料をつくること』が目的になってしまうことがもっとも大きな問題なのだろう。あらためて情報の可視化や表現のありかたを考えてみよう」

この例では、それぞれの違いを強調していますが、同じ情報に対しても「知る」の段階が異なると、思考も異なることがわかります。

第1段階では、表面的な情報だけを見ており、それをほとんど無思考に受け入れてしまいます。他人の答えを真に受け、感情論で終わってしまう思考です。

しかし、第3段階は、情報の本質を見極め、その問題に対して、自分なりの解釈を成立させようという状態です。

これは受動的な「答え合わせ思考」から能動的な「創造的思考」に切り替わっていく過程と同じだといえます。

デザインという創造行為においては、問題の根源にある「知らない」という部分に向き合い、その部分における「知る」のレベルを上げることを意識しなくてはいけません。

　われわれ日本人は、こうした「知る」のレベルを上げるのが非常に苦手です。
　日本の教育制度は暗記が中心です。第一段階の「存在を知っている」レベルの表面的な知識を大量に覚えさせ、その記憶力を評価する傾向が強い教育です。個々人の思考に寄り添い、「どうしてなのか」を掘り下げるというような遠回りなやりかたは、経済社会に適応できる人を育て、それをまんべんなく広めるという日本の教育方針からすれば、効率が悪かったのでしょう。
　こうした表面的な知識を暗記する力を重視した教育は、あらゆる商品やサービス、情報のありかたに影響していきました。発信する側も受け取る側も、表面的な部分への評価が中心となってしまうのです。
　その結果、多くの人が「本質なんてどうせ伝わらないから、考えるだけムダ。効率が悪い」とあきらめているのではないでしょうか。

　しかし、これはある意味チャンスでもあります。
　知の段階を上げるには、他の人より深く掘り下げればいいだけです。本気で「知ろう」とし、問題への理解を深めさえすれば、すぐに頭ひとつ抜きん出ることが可能なのです。そこに特別な能力や才能は必要ありません。

SAGで「問題」と「課題」の違いを見極める

83ページでも解説したように、問題と課題の違いを見極めることはデザインをおこなううえで非常に重要です。しかし、頭ではわかったつもりでも、現実のプロジェクトでこれをおこなうのは簡単ではありません。わたしの関わるプロジェクトでも、言葉の説明だけですぐに理解が得られることは稀です。

そこで、さまざまな場面での問題と課題の違いを理解していただくための思考モデルを作成しました。スタート（S）、アクション（A）、ゴール（G）で構成されているので「SAG（サグ）」と呼んでいます。

このモデルをつかうと、問題と課題の違いが整理できるようになります。

なお、これは空欄を埋めれば答えが出るという、いわゆるテンプレートではありません。自身の思考を整理するための概念モデルとして利用するものです。

SAGの5つの要素

- **きっかけ：START**
  人は何をきっかけに行動しようとするのかを理解します。
- **行動：ACTION**
  人の行動そのものを見極めます。
- **達成：GOAL**
  人が何を目的に行動しているのかを理解します。

- **行動の妨げ**
  行動を妨げている障害を探します。
- **達成の妨げ**
  行動したにもかかわらず、目的の達成に至らせない障害を探します。

SAGをつかってイメージしていくと、わたしたちがいかに問題ではなく、行動（ACTION）にだけ注目してしまっているかが浮き彫りになります。

デザインプロジェクトで出てくるアイデアのほとんどは、行動の内容について改善しようとするものです。しかし、それは、デザインにおいては間違ったフォーカスです。

SAGによる思考の概念モデル

そのことをご理解いただくために、SAGに簡単な参考シーンを当てはめて見ていきましょう。

SAGの参考例

　目的（ゴール）を達成するために解決するべきは、行動の内容ではなく、ゴールに至ることを妨げている「課題」です。
　ここでフォーカスすべきはSAGの間にある、

1．食事をするという行動を妨げる事象
2．食事をしたのに飢えが満たされない要因

の2カ所です。
　つまり、これらの課題を仮説として設定し、仮説のなかから正しいものを抽出し、解決することができれば、目的（ゴール）は達成できるのです。

　ここで、みなさんに、考えていただきたいことがあります。

実際の事業創発プロジェクトで、このような思考ができているでしょうか？

　ほとんどの場合、自社商品を提供している直接的な場面である「行動」そのものに目が行ってしまうのではないでしょうか。なぜなら、そこが事業ドメインであり、その内容をどうにかしようとしているからです。

　飲食業であれば、新しいメニューや店舗の開発をしようとしてしまいます。しかし、いくら新しいメニューや店舗を開発しても、「利用者が食事にたどり着けない」ということを解決しなければ意味がありません。商品メニューや店舗のアップデートで利用者を引きつけようという試みは、新しい事業の創造ではありません。事業創発を目指すのであれば、こうした「新商品開発」とは切り分けて扱うべきです。

　また、SAGを活用するにあたって注意すべきことがあります。

　それは、デザインをおこなううえでは、課題にフォーカスするのではなく、「問題」にフォーカスする必要があるという点です。

　83ページでお話ししたとおり、「課題（場面）」を発生させてしまう要因や環境といった背景にある問題、つまり、人間社会にとって「絶対に解決しなければならない社会問題」のほうにフォーカスしなくてはなりません。

　SAGは課題を見つけ出すためにつかいますが、見つけ出した課題は、その背景にある問題を抽出するためのものです。SAGで当てはめた課題にフォーカスしすぎてしまうと、背景にある問題が見えづらくなってきますので、注意が必要です。

「問題」へのフォーカス

問題へのフォーカス

わたしたちが食に関わる事業者だとして、SAGをつかって問題にフォーカスしてみましょう。

先の課題の解決にフォーカスすれば「食料を買うお金がない」人に対しては「価格を下げたメニューを提供する」という解決が出てくるかもしれません。しかし「なぜ食料を買うお金がないのか？」という背景にまで掘り下げれば、問題に向き合うことができるというわけです。

たとえば、無料で食料を提供できる空間をつくる。食事代をと

らない代わりに、人が集まるその空間に別の収益源を発生させるといった発想です。中小の事業者にとって「社会問題の解決」は大げさすぎると感じるかもしれませんが、こうした発想に基づいた試みは世界各地で当たり前になりつつあります。

　ヨーロッパのGlobal Alliance for Banking on Valuesという銀行連合では、経済的な要素よりも、社会的価値の要素を重視し、そこに対してのみ支援をするという、新しい銀行のありかたを推進しています。投資家たちも、Banking on Valuesを通じて資産を増やそうとするのではなく、人間社会の発展に貢献し、結果として自分たちのビジネスや生活を豊かにするという発想を持つようになっているのです。

　こうした「社会問題の解決」に向き合った発想を成功させている代表例が、新しい生活環境を提供している「プラットフォーマー」と呼ばれる企業たちです。彼らはみな、特定の事業ドメインに縛られない事業展開をするのが特徴で、新しい経済のありかたとして注目されています。

　ちなみに2019年6月期において、世界の資産総額トップ5に位置する企業であるマイクロソフト、アマゾン、アップル、アルファベット、フェイスブックは、すべてがプラットフォーマーです。日本では、95ページで触れたソフトバンクの決済事業への取り組みなどがプラットフォーマーの発想だといえるでしょう。

　そもそもデザインの目的とは、こういった新しい社会づくりを実現することです。Banking on Valuesを例にとってみてもわかる

とおり、デザインの取り組みは大企業だけのものではありません。中小事業者であっても「事業創発」というレベルでプロジェクトを進める際には、デザインの発想を持つことが欠かせません。その際に、このSAGをイメージしながら進めていくと、社会問題にフォーカスしたブレのない創造計画が立てられるでしょう。

UXは「利用者が障害を解決している場面」ととらえよう

SAGにおける「課題」と「問題」の違いに関連して、UXの話題についても触れておきましょう。

ここ数年、IT業界や事業創発の場でよく見かけるようになったキーワードの1つがUXです。ご存知かと思いますが、UXはuser experienceの略です。しかし、この言葉の日本語訳を「顧客体験」としてしまっていることが原因で、さまざまな誤解や混乱が生じています。

先に結論をいいますと、UXは「利用者が障害を解決している場面」ととらえるのが適切です。先ほど紹介したSAGの図（P121参照）にあるように、人は行動の妨げになる事象（課題）に直面すると、その解決策となるモノゴトを利用して課題を解決します。UXは、この「場面」を指す概念なのです。

ところが、現場で見聞きするUXの解釈はそうではありません。大まかに2通りの解釈をしているケースがあり、そのどちらもズレています。

UXの誤った解釈

1. UIのつかい勝手のこと
2. 商品を購入した人が、その商品をつかうときに感じること

1は、UXを「操作性」のことと勘違いしてしまっている例です。

「UI／UX」という組み合わせ表現でつかわれる場面が多いことがその一因かもしれません。ゲームに慣れ親しんできた世代はその影響もあるでしょう。

もちろん、モノにしろコトにしろ、それを利用する際には何かしらのインターフェースの恩恵を受けるものです。表面的にはUIのことのように見えてもおかしくはありません。

しかし、この誤解には、大きな問題があります。

UXを考える前提が「商品をつかわせる」という商売都合の観点になってしまっている点です。

デザインは、消費行動に限定せず、人のあらゆる生活を対象にしなくてはなりません。「体験」はモノゴトの利用によって目的が達成できた「体験」であり、操作の背景にある「その人の生活」そのものなのです。

さらにいえば「つかい勝手」は、操作設計というエンジニアリングの領域でありデザイン（創造）ではありません。

2は、UXを「つかい心地」や「感動」と勘違いしてしまっている例です。

この誤解は、もしかすると、ゲームやイベント、映画などの広告で用いられる「新感覚！」「映像体験！」のようなキャッチコピーに慣れ親しんでいることが一因かもしれません。

　たしかに、目的を阻む障害が解決されたときには感動がありますし、障害がストレスそのものである場合もあるため、UXの範疇といえなくもありません。

　しかし、この解釈にも問題があります。

　それは、UXを考えるときに、「自分たちの提供する商品の世界観にどっぷりつかってもらう」という、一種のエンタメ要素という観点になってしまっている点です。すると「食べたことのない食感」や「主人公になりきれる」といったものまでUXとして扱うことになります。これらは、利用者にとって必ず解決しなくてはならない障害を扱ったものではありません。

　こうした「感覚」がもたらすものは機能性にあたるもので、エンジニアリングの領域です。UXやデザインとは別のものです。

　厄介なことに、こうした誤解はかなり広まっています。ビジネスモデルの概観をつかむためによくつかわれる「リーンキャンバス」のようなフレームワークでも、日本ではuser（ユーザー）を「顧客」と訳してしまいます。「顧客」であるならばcustomers（カスタマーズ）でなければ合いません。

　先の２通りの誤解は、ユーザーを「利用者」ではなく「消費者」としてとらえ、自社商品の販売という、経済的な視点で見ている部分が共通しています。

　こうした、ユーザーを「消費者」「顧客」とみなしてしまう姿勢

は、事業ドメインへの呪縛を生むだけでなく、デザインとエンジニアリングの境界を曖昧にし、プロジェクトから健全さを失わせてしまいます。

　人々が商品やサービスを利用するのは、生活上の課題や問題を解決するためです。その解決に必然性があることが、人と経済をつなげる絆となります。デザインにおいて、この必然性をとらえる観点が重要です。
　だからこそ、ユーザーを「消費者」や「顧客」ととらえるべきではありません。「課題が起きている場面にいる（困っている）人」ととらえ、必要が満たされていない生活者として扱うべきです。

　UXに関しては「UXデザイン」という言葉もよくつかわれています。しかし、UXだけを創造（デザイン）するという行為は成り立ちません。デザインに沿って商品提供の場面を設計しているのであれば、「UXエンジニアリング」とするべきでしょう。

POINT

- ☞ すべての問題の根本には「知らない」がある。
- ☞ 知らないには「知っている」「理解している」「認知している」の3段階があり、これを意識すると問題が見えやすくなる。
- ☞ 「知らないことを知ろうとする」のは人間の最大の能力の1つ。
- ☞ SAGを活用すると、問題と課題が見えてくる。
- ☞ UXは、解決策で生まれる感動やつかい勝手のことではなく、課題が解決されている場面や状態のこと。

「モノを売る」ことと「デザイン」の共存

「儲け」という観点との付き合い方

　ここまで解説してきたように、人間社会の問題を解決するためのデザインにおいて、「消費」や「顧客」といった「儲け」の観点は、創造性を阻害する要因になります。創造活動をおこなうためには、これらの観点はいったん忘れることが必要です。

　これはひどく難しいことのように思われるかもしれません。たしかに、企業が創造活動をおこなうのは、売り物をつくり、商売をおこなうためです。それなのに「儲けのことは後回しにする」というのは、本末転倒のように感じられる方も多いでしょう。

　これは儲けを求めないということではありません。正しくデザインされたモノゴトは、人間社会においての「必要性」を持ったものとなり、多くの人が利用します。つまり、結果として儲けにつながっていくのです。

　創造と商売を共存させるために、デザインをする際には、次の5つの前提を常に頭に置いてください。

1. 企業（仕事）には、そもそも社会の問題を解決する役割があるということ
2. 商品やサービスは、問題や課題を解決するために存在して

いるということ
3. 対価は問題の解決（＝価値）に対して支払われるということ
4. 生活のために必要なモノゴト（＝価値のあるモノゴト）は必ず人々が利用するということ
5. デザインとは今までにない新しい価値とモノゴトを創造するということ

　この5つを前提としてデザインに向き合うことで、自分の関わる事業創発プロジェクトの性質を明確にすることができるのです。
　簡単にまとめれば、自社の役割を認識し、世の中に必要とされるモノゴトをデザインすれば、必ず利用され、商売が成立する、ということです。それこそが、企業や事業の価値なのです。
　もちろん、「商売として成り立つか？」という観点で検討することは必要です。たとえば、解決必須の問題であっても、その問題を抱える人の数が少なければ事業は成り立ちません。逆に多すぎれば、一企業で解決できる範疇を超えてしまうということもありえます。
　そういう意味では「商売として成り立つか？」も、実現性に関わる重要な要素です。こうした「自分たちに実現できるのか？」という検討は必要ですが、デザインよりもマーケティングの領域に近いものです。最初から売り上げも含めた実現性ばかりを追ってしまうと、創造的なアイデアが生まれなくなってしまいます。

　もし、そのプロジェクトが「既存の事業ドメインの延長にある、売れる新商品の開発」だとしたら、それはエンジニアリングで解

決するべき取り組みです。

　もし、そのプロジェクトが「自社に新しい価値を見出し、扱うモノにこだわらず、これまでの事業ドメインの枠を超えた新しい事業を生み出す」という取り組みであれば、デザインの出番です。

　プロジェクトの性質を明確にしていかなければ、事業創発の現場は混沌としたものになります。

「モノ」に縛られない

　産業革命前後のモノづくりと社会の変化、市場に蔓延した粗悪なモノの改善に、バウハウスやシカゴ派による近代デザインの成立が果たした意義については、第1章で触れたとおりです。

　近代デザインでは、人々の暮らす都市と、そこでつかわれるモノのすべてを、生活に必要な「機能」としてとらえます。ここでいう「機能」とは、生活するうえでの障害を取り除く能力です。ですから、当然、必要のないムダな機能や消費を促すためだけの過剰な装飾は排除するべきだとされました。

　この根底にはシカゴ派のサリヴァンが提唱した「形態は機能に従う」という理念があります。バウハウスのデザイナー育成がおもに建築物と道具の2つをメインにしていたのは、都市を含めた人間の社会環境面に目を向けて、デザインを実践するためだったといえるでしょう。

　ここであらためて注目したいのは、バウハウスが、モノ（形や見た目）とコト（目的と機能）とを表裏一体の存在として扱っていた点です。「コト」は目的であると同時に、「障害を取り除く能力」と

いう「機能」でもあります。ですから、彼らはただ「モノ」の見た目、造形だけをつくっていたわけではなく、モノゴトをデザインしていたといえるでしょう。実際、英語圏では「何かしらのモノゴトを考え出し、計画し、実行に移す」という行為全般に「デザイン」という言葉をつかいます。

ところが、日本では「何かを生み出す」という行為は意識されず、改善やアップデートに目が行ってしまいます。こうした「コト」に目を向けない姿勢は、誰かが用意してくれた高度な経済社会システムのなかで、「モノをつくって売ればよい」という、戦後から80年代までの旧態依然とした仕事像です。

高度経済成長期から続く日本における「デザイン」の概念を図にするとこうなります。

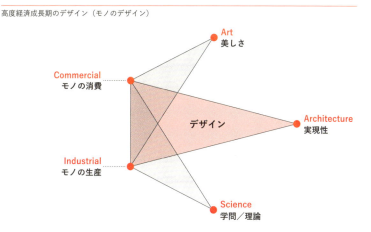

高度経済成長期のデザイン（モノのデザイン）

生活がシンプルであったため、コトの要素が省かれている。

あくまでモノである製品を中心にした姿勢であり、人に対する価値や創造性は省略されてしまっています。

高度経済成長期の日本では、これがもっとも実践的な考え方だったのでしょう。しかし、本書で解説している本来の定義でいえば、この図の「デザイン」の部分は「エンジニアリング」に置き換えたほうがふさわしいのは明らかです。

現在でも、日本では多くの人がこの図のようなイメージでデザインをとらえています。それが、モノゴトの創造をする際の障害になってきました。しかし、世界はそうではありません。IT革命後、そのことが明らかになったことで、日本でもモノに縛られない領域がクローズアップされるようになってきたわけです。

IT革命以降のデザイン

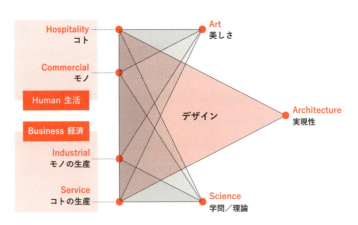

生活が多様化し、複雑に絡み合ってきたため、
コトの要素やデザインの領域が大きくなった。

日本が真にその領域に進出するには、従来のようなモノづくりの考え方のままでは通用しません。
　デザインの概念を正確に図として扱うのであれば、左ページのような表現にするべきでしょう。

世代間の断絶を超えて

　今、多くの会社や組織が目指しているのは、デザイン＝創造をモノの範疇で扱ってきた時代からの脱却だといえます。新しいモノを生み出すのではなく、新しいコトを生み出し、成長する人間社会への革新が求められています。それは、この１つめの概念図から、２つめの概念図への考え方の移行といってもいいでしょう。
　ただ、残念ながら、これは上手くいっているとはいえません。

　その一因に世代間の断絶があります。高度経済成長期以降の日本では「モノが生まれた経緯」「モノが持つ意味」ではなく、「モノづくりにおける決まりごと」「モノをつくって売るための技術」のみを継承してきたからです。
　世代間の引き継ぎにおいても「既存の社会行動を維持しながら、モノを中心にアップデートしていくこと」を目的としていたのです。この考え方そのものを変更するのですから、ベテラン世代が戸惑うのも無理はありません。さらに、コトの変化によって、旧世代のモノの多くがその役割を失いつつあります。引き継ぐべきことの価値が曖昧になっているため、なおさら継承は難しくなっているのです。

これはあらゆる世代にとって、不幸な状況だといえます。世代を越えて引き継がれるべき、大切な文化や経験までもが断絶してしまうことになるからです。まさに、アーツ・アンド・クラフツ運動や、アール・ヌーボーのときと同じ状況といえるでしょう。

　過去から現在、そして未来という流れのなかで「刷新」をおこなうことは、試行錯誤というデザインの本質において非常に重要です。しかし、世代が断絶した状態で起きる「刷新」は、試行錯誤を伴っていない表面的な差し替えにつながってしまいます。
　デザインに関わるメンバー全員が、モノとコトの本来の意味に正しくフォーカスし、あらゆる視点で価値観のギャップを埋めていかなければ、世代を通じた文化の継承、その先にある人と社会の成長や発展は成立しないのです。

POINT

- ☞ 「消費」「購入」「顧客」といった「儲け」の観点は、創造性なアイデアが生まれなくなる要因。
- ☞ 「モノづくり」に縛られず、「モノゴトの創造」と、ヒトと経済のありかたを意識することがIT社会においてはさらに重要。

近代デザインの成立と世代の断絶

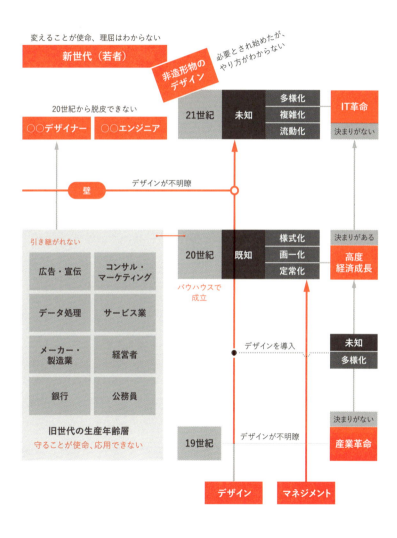

デザインの落とし穴

ゴッド・コンプレックスとデザインの実践感覚

ゴッド・コンプレックス（God Complex）という言葉をご存知でしょうか。

自分のことを、まるで全知全能の神であるかのように思い込んでしまう心理状態を指す言葉です。デザインという創造行為をおこなうときに陥りがちなのが、このゴッド・コンプレックスです。

これは個人の性格を問いません。普段は謙虚で慎重なタイプであっても油断は禁物です。デザインをするうえで、もっとも気をつけておくべきことの1つといえるでしょう。

ゴッド・コンプレックスがよく見受けられるのは、いわゆる専門家と呼ばれる人たちです。

彼らはみな、ある領域を深く突き詰めています。そうした努力を経て、結論や発見、成功にたどり着けば、そこで得られた喜びや自信は、非常に大きなものになります。この自信は「これこそが根本的な原因だ」「すべてはコレで説明がつく」という確信に変わっていき、すべてを解き明かしたつもりになってしまうことがあるのです。

この心理状態に陥ると、他人の意見は耳に入りません。すべての事実をこじつけるようになり、本当に正しいかどうかを検証す

ることさえ必要ないと感じてしまいます。

　デザインにおいても同じことが起こります。

　デザインでは、本質的な問題や課題に向き合い、その背景を読み解きながら、解決策を考えていきます。しかし、現実の世界は単純ではありません。数十億人もの人間、自然、社会環境などの相関関係や因果関係、人の考えや気持ち、さらにはタイミングなども複雑に絡み合っています。たった１つの理論、たった数人の推測で掌握できるようなものではありません。だからこそ「無知の知」を意識し、常に試行錯誤しながら探求を続けることが重要なのです。

　ここで、安易に「これこそが根本的な問題に違いない」「この解決策以外はありえない」とゴッド・コンプレックスに陥れば、多様性や革新性は失われてしまうでしょう。

　実際のデザイン現場において「唯一の正しい答え」を見つけられることは、まずありえません。答えなどないのです。わたしたちにできるのは、できる範囲で「最善の選択」を見つけ、形にするところまでです。だからこそ、わたしたちは、デザインを用いて常に新しい問題を見つけ、改良し、新しいモノゴトを創造し続けることが可能になります。

　答えのない世界で最善の選択を繰り返すという姿勢は、デザインの「実践感覚」とでもいうべき姿勢です。

　ゴッド・コンプレックスは、プロジェクトのメンバーがこの感覚をつかんでいないときに起こりやすくなります。気づかないう

ちに「唯一の正しい答え」を求めようとしてしまい、自分たちの導き出した解決策にこだわります。異論を無意識のうちに封じ込めて「これですべてが解決できる」と思い込んでしまうのです。そのほとんどは、希望的観測による誤解や思い込みに過ぎません。

「課題の背景を読み解く」という行為と矛盾しているようにも見えますが、すべてを掌握しようとせずに「こういうものだ」と割り切ることで、ゴッド・コンプレックスを避けることができます。そして、より多彩な問題に向き合い、試行錯誤をしていくことで、健全なデザインをすることができるのです。

こうした実践感覚を身につけるのは本人の心構え次第ですが、ゴッド・コンプレックスを回避させるもっとも有効な方法に、試行錯誤（プロトタイピング）の結果の受け入れがあります。

イギリスの経済学者ティム・ハーフォード（Tim Harford）がTEDの講演で紹介したユニリーバの例をお話ししましょう。

ユニリーバは粉末精製機を開発しようとしていました。それまでの精製機よりもずっと均一で、きめ細かな粉末製品をつくることのできる新しい機械です。

開発のため、最初に集められたのは物理学者たちでした。理論的な技術解決に取り組んだわけです。やがて、理論的に正しい精製方法が見つかりましたが、いくら試作をしても均一できめ細かな粉末は精製できませんでした。しかも失敗の原因もわかりません。計算上はまるで問題ないにもかかわらずです。

そこで、彼らはアプローチを変えました。
　形状の違う粉末精製機のノズルを複数用意し、もっとも精度の高かったものをさらに微調整するという方法に切り替えたのです。具体的には、一番精度の高かったノズルの形状をベースに、コンピュータをつかってランダムに微調整したバリエーションを複数つくります。その試作品を検証し、一番精度の高かったものをさらにバリエーション化するという作業を繰り返しました。
　すると、あるとき突然、均一できめ細かな粉末をつくることに成功したのです。どうしてそのノズルだと上手くいくのか、メカニズムはまったくわからなかったといいます。しかしその粉末精製器は実際に成功し、正しく機能し続けました。

　これは、人がすべてを掌握しようとせず、理論的な正解にもこだわらず、掌握をひとまず置いておくことで成功した実例です。もし、理論的にすべてをコントロールする当初のアプローチにこだわっていたら、ゴッド・コンプレックスのような状態に陥っていたことでしょう。
　しかし、彼らは、そうしませんでした。まるで生物進化の過程をなぞるかのような試行錯誤を繰り返し、その結果を事実として素直に受け入れることにしたのです。その結果、まったく新しい技術に行き着きました。

　ユニリーバの開発プロジェクトは「手持ちの事実に縛られなかった」からこそ成功したといえます。
　デザインにおいては、解決するべき問題や課題に対し、仮説を

立て、試行錯誤を重ねて検証をおこないます。その過程で「これは間違いのない事実だ」という辻褄（理論）が生まれると、メンバー全員がそれに縛られてしまい、創造の範囲が制限されてしまうことがあるのです。この状況は避けなければなりません。

　新しいモノゴトを創造するためには、自分の価値観でコントロールしようとせず、常に新しい事実と向き合う姿勢が大切です。

　実際のプロジェクトでは、誰かの提示した答えにメンバー全員が依存してしまったり、特定の事実や常識をまるで大前提であるかのようにとらえてしまったりすることが起き、その範囲でしか思考できなくなってしまうケースが、よくあります。
　これを防ぐためには、問題意識をしっかりと持ち、解決と目標達成に向き合い続け、試行錯誤を重ねて成果につなげる、という基本姿勢を持つことが重要です。

　当たり前のことですが、あらためて書いておきましょう。
　わたしたちは全知全能の神様ではなく、人間です。自分たちの狭い常識や考えですべてを読み解けるほど、世の中は単純ではありません。これを忘れないことが、ゴッド・コンプレックスを回避する方法です。
　「わたしたちは知らない、わたしたちは理解できない」という「無知の知」の先にこそ、新しい創造は成り立つのです。

パクリはNG、応用（インスピレーション）は必要

「パクリ」という言葉を耳にするかと思います。

盗作やブランドコピーなど、他人の創意工夫を盗む悪行として、さまざまなパクリ事例が報じられています。こうした事例を見聞きして、眉をひそめた経験はみなさんお持ちでしょう。

パクリの忌むべき点は、安易なマネによって、他人の努力を搾取していることだけではありません。真に忌むべきは、劣化コピーされた粗悪なモノゴトを社会に蔓延させていることです。それにより、オリジナルの持っていた価値が阻害されてしまうケースも少なくありません。

この「パクリ」について、少し深掘りしてみましょう。

まず、誰かのマネをすること自体は悪いことではありません。

人間は「マネ」を通じて、多くのことを知り、認知を深める生き物です。わかりやすいのは子どもたちでしょう。彼らは、大人や周囲の行動をマネることで学び、成長していきます。これは哺乳類の多くに備わった本能であり、マネをすることは本能的に楽しいことなのです。これを排除することはできません。

デザインにも、この特性を活かしたマネの要素があります。

あるモノゴトの本質を深く理解するために、同じものをつくってみる、同じことをしてみるなどして、マネ（模写）をするのです。マネによって「知る」の3段階目である「認知する」に近い状態を生み出し、そこで得られた深い理解に自らのアイデアを乗せ、新

しいモノゴトを生み出そうという行為です。

　これは、いわゆる応用に近い行為で、あえてマネすることよって、表面的な劣化コピーを防いでいるともいえます。

　また、「三人寄れば文殊の知恵」といった言葉があるように、複数のアイデアを相乗させることもデザインには欠かせない要素です。誰かのアイデアに自分のアイデアを乗せ、その先にある新しい事実を見出すことで、素晴らしいアイデアが生まれます。これもマネの一種です。

　もし、このとき、モノゴトの表面的な部分をリストアップしただけのアイデアを集め、そこから何かをつくろうとしたらどうなるでしょうか。意図や経緯を理解せず、ただ表面的な造形や機能のみを取り入れることになり、単なる劣化コピーであるパクリとなってしまいます。

　こうして生まれた商品やサービスは機能しない、粗悪なものとなるでしょう。このような粗悪な劣化コピーが社会に蔓延すれば、本来の価値は毀損され、文化の衰退を招きます。これはデザインとは対極にある行為です。

　アップル社の元CDO（Chief Design Officer＝最高デザイン責任者）としてジョブズ復帰後の主要デバイスのデザインに長年関わってきたジョナサン・アイブ（Sir Jonathan Paul Ive）は「世の中のほとんどのものは、いい加減にデザインされている」といい切っています。

　残念ながら、これは事実といわざるをえません。わたしたちの

身のまわりには、明らかにデザインという創造計画を省略したモノゴトが溢れています。それらの多くが、流行の造形や機能を表面的に継ぎ接ぎしただけの劣化コピーです。

第3章でも触れますが、パクリや劣化コピー、いい加減にデザインされたモノに惑わされないようにするための有効な方法は、「本物」に触れることです。できるだけ本物に触れる機会を増やすことで、モノゴトの合理性を読み解く力を養うことができます。

創造的なマネ（応用）とパクリ（劣化コピー）との違いを表現するために、近年よくつかわれるのが「リスペクト」や「オマージュ」といった言葉です。これは、マネされる対象への敬意を示すことで「これはパクリではありません」というニュアンスを表明する試みだといえます。

しかし突き詰めれば、やはり両者の差は「対象の本質を理解し、それをさらに推し進めているかどうか」の違いだといえるでしょう。つまり「『応用（インスピレーション）』になっているかどうか」です。これを見極めるためにも、本物を知ることは大切です。

マネがしっかりと応用につながっていて、新しい価値が生み出

ジョナサン・アイブ（1967年〜）アップルの元CDO。デザインチームを率いて、スティーブ・ジョブズと共に革新的なプロダクトを生み出してきた。世の中の「いい加減なデザイン」「パクリ（劣化コピー）」に対して、公の場で批判することも多い。ドイツのブラウン社のデザイナー、ディーター・ラムスのプロダクトの模倣を指摘された際には、ラムス本人から「彼のデザインはパクリではない。敬意を表してくれている」と近代デザイン的に「良いデザイン」の代表として支持された。

されるのであれば、それはデザインとして成立している行為と呼べます。

あらゆるデザインは、過去から現在に至るすべての情報を応用することが前提となっていますので、こうした応用は必ず盛り込まれるべきものなのです。

もし、こうした応用まで「パクリだ」と否定してしまったら、アイデアの相乗効果はなくなり、革新的なモノゴトは生まれなくなってしまうでしょう。

アップルの初代マッキントッシュ（Macintosh） 実質的に世界初のパーソナルコンピュータ（一般個人用コンピュータ）として1984年に発売されたマッキントッシュは、それまでの業務用コンピュータが、いかにも巨大な計算機であったのに対し、家電としてデザインされていた。外観に関しても、生活空間の中に違和感なく溶け込み、気軽に使えるものとして受け入れられるよう、シンプルなディスプレー体型のケース、余計なボタンや配線などを見せないなどの工夫が凝らされていた。

ブラウンの携帯ラジオ（T3）と、アップルの初代iPod（初代） 据え置き型のデバイスから、外で使用するデバイスにシフトしていくなかで、家電というアプローチから、持ち歩くプロダクトをモチーフとして応用するようになった。ラムスがデザインしたブラウンのT3と、初代iPodの類似性は有名である。こうした、すでに知られているものを意図的に取り込むことで利用者の理解を深めたり、自然と機能が提供されるよう働きかけたりするデザインの基本テクニックが読み取れる。

腕時計の伝統的な加工と、iPhone、MacBookPro　MacBookProのキーボードやトラックパッドは、閉じた際にディスプレイに当たらないよう、一段下げてある。これは、腕時計の文字盤に秒針を収める際に用いられているスモールセコンドなどの手法を彷彿とさせる。他にも、iPhoneなどのベゼルの作り方、ガラス面の盛り上げ加工、ステンレスの研磨技法など、持ち歩く前提で培われていった腕時計の加工技術を応用していったと思われる部分が見られる。iPhoneの造形を踏襲したApple Watchが、新しい解釈の腕時計として違和感がないのも頷ける。こうしたジャンル外の手法をうまく応用するアプローチは他のメーカーではなかなか見られない。アップルの意図や工夫を理解せずに表面的に模倣しているだけの例はあまりにも多い。

　デザインや芸術の基礎教育で、必ず模写（コピー）を学ぶのもその表れです。このとき重視されるのは、どれだけ正確に写し取れるかではありません。模写を通じて、作者の意図を感じ取り、本質をつかむことです。そのための能力を身につけることが教育における模写の狙いなのです。

ですから、ジョナサン・アイブの「いい加減にデザインされている」という言葉が指しているのは、やはり「表面だけを写し取る」という行為のことだと考えられます。

　最近の事業創発のトレンドとしては、AI、IoT、ポイントアプリ（ポイントカード）、仮想通貨、サブスクリプションなどが挙げられます。これらを自社で開発しようという取り組みは今、あちこちでおこなわれています。しかし、それは、デザインとしての応用になっているでしょうか。ただの表面的な写し取りになってはいないでしょうか。

　流行に注目し、応用しようと考えること自体は間違いではありません。しかし、ただの表面的なコピーであれば、持続的な成功はないでしょう。社会的に機能するデザインをするためには、本質にきちんと向き合わなくてはいけません。

・そのアイデアは、本質的にどういうものなのか？
・誰にとって、なぜ、それが必要なのか？
・なぜ、自分たちがそれを手がける必要があるのか？

　こうした自問自答を繰り返し、その先にある新たな価値、つまり、問題を解決した先の未来を認識することが必要です。
　それが応用であり、デザインなのです。

POINT

☞ 手持ちの事実（知識や経験、理論など）だけで読み解けるほど、世の中は単純ではない。
☞ 唯一の答えを導き出し、すべてがコントロールできるという「ゴッド・コンプレックス」に陥ると、創造的な思考はできなくなる。
☞ 試行錯誤によって解決できていれば、無理に掌握しようとせず、ある程度「こういうものだ」と割り切ることで、ゴッド・コンプレックスは回避できる。
☞ 他人の答えを表面的にマネる「パクリ」は劣化コピーである。
☞ 創造的なマネで、新しいモノゴトを生み出すのであれば「応用」であり、デザインの一部である。
☞ 本質を知るためにマネるという行為も、試行錯誤のなかでは重要。

Column | 近代デザインと
日本の伝統文化の思想

人と環境を調和させる日本の「おもてなし」文化

　日本がいかにも近代デザインの後進国であるかのようにお話ししましたが、じつは、本来の日本は非常にデザイン的な文化を持った国であることについても、触れておきたいと思います。

　20世紀初頭に成立した近代デザインには「形態は機能に従う」という理念がありました。生活上の困難を解決するのに必要とされるモノは、当たり前のようにコトに調和し、溶け込み、あるべき形に収束していくはずだという考え方です。
　この理念は、ヨーロッパで産業革命以前から続いていた、ムダな装飾、ムダな機能を排除し「必要性に向き合う」という合理的な価値観の礎です。

　日本は古来、この価値観を持ち合わせていました。産業革命においても見られたように、ヨーロッパの文化が「過剰に目立たせ、ありがたがらせる、これ見よがし」の姿勢なのに対し、日本の伝統文化は正反対です。「どうだ、すごいだろう！」と相手を圧倒する発想ではなく、「これは一本取られた！」と相手にいわせてしま

うようなアプローチだといってもいいでしょう。

　さらには「『一本取られた！』とすら気づかれてもダメだ」という方向に突き詰めていくのが、日本の伝統でした。いわば「相手に察せられてはならない」という価値観が、おもてなし文化の根底にありました。

　たとえば、茶室。その入口はわざと低くつくられ、頭を下げないと出入りできないようになっています。これは、作法をくどくど説明することなく、自然に誰もが必要な振る舞いをする環境を用意したものです。茶道が本来持つ機能や目的に集中できるようにするための、おもてなしの1つです。

　京都の「止め石」もこれと同様の文化だといえます。

　止め石は、たいてい目立たない石です。歩くには少し邪魔だけど、跨げないこともない程度の石が通路になにげなく置かれている。ただ、それだけで、通行順路を示す道案内や、他人に立ち入られたくない場所（プライベート空間、危険箇所など）に入るべきではないと思わせるといった機能を発揮します。

　機能面だけを考えれば「通行禁止！」「関係者以外立ち入り禁止！」といった指示を示す看板の設置や、赤やオレンジの目立つコーンを置くなどして、警告することも可能でしょう。しかし、こうした方法は環境との調和を崩す過度な意思表示といえます。これに対して、止め石は、環境に溶け込ませることで、そこを通ろうとしたときにしか意識させないことを目指しています。つまり、

人の行為に対して先回りして準備しておき、必要なときにはきちんと機能するモノゴトだといえます。これが、日本が伝統的に培ってきた「おもてなし」文化の価値観です。

　察せられてはならないということは、モノゴトが人の生活環境のなかに自然に溶け込んでいて、無理強いではなく共感の域に達しているということでもあります。違和感を極限まで小さくする、といってもいいでしょう。モノゴトの持つ機能はすべての人々の行動や生活に調和していることが良しとされます。それどころか、それをつくった職人の技術や努力も察せられないように、すべて環境に溶け込むことが求められました。まさに「形態は機能に従う」という近代デザインの理念と同じ価値観ではないでしょうか。
　もちろん黄金の茶室をつくらせた豊臣秀吉のように、絢爛豪華さを利用した権力者もいましたが、日本文化全体から見ればこれは非常に特異なケースであり、その本質は「おもてなし」による人と環境の調和にあったといえます。

　また、日本の伝統文化には「わびさび」という特徴的な感覚もあります。
　1つの単語としてのわびさびは「情緒がありつつも質素で落ち着きのあるさま」といった意味ですが、本来はわび（侘び）とさび（寂び）は2つの言葉です。それぞれの意味をあらためて確認してみましょう。

【侘び】

①飾りやおごりを捨てた、ひっそりとした枯淡な味わい。茶道・俳諧の理念の１つ。②閑静な生活を楽しむこと。③落胆。失意。つらく思うこと（大辞林より）

つまり、静けさや悲しさが生み出す、ある種の美しさを楽しむことです。

【寂】

①古びて趣のあること。閑静な趣。さびしみ。しずけさ。②枯れて渋みのあること。また、太くてすごみのあること。③しおり・細みなどとともに、蕉風俳諧の基調をなす静かで落ち着いた俳諧的境地・表現美（大辞林より）

つまり、年月を重ねていくなかで、色褪せたり、朽ちていったりする寂しさが伴う様子に、渋みや趣を感じることです。

いずれの言葉も、いっときの熱情や絢爛豪華さといった「目立つ」モノゴトにフォーカスする姿勢ではありません。むしろ、その背景にある営みや歴史といった、人間のありかたを、モノゴトを通じて静かに感じる姿勢です。

表面的なありさまではなく、その背後の本質に向き合う観点と感性は、日本で生まれ育った人が、もっとも得意とする領域だといえるのではないでしょうか。

京都の源光庵の丸窓と止め石　①源光庵の空間の造り自体は、丸と四角だけで構成された質素で飾り気のない空間だが、外界の四季の移り変わりを切り取って、その場にいる人に絶景を提供するという、実は非常に贅沢な空間である。自然と空間の調和、おもてなし、形状は機能に従うという近代デザインに通じる空間づくりとなっている。②止め石（関守石）は、「なんとなくこの先には行きづらい」と感じさせるが、物理的に行動を抑制はしていない。

バッキンガム宮殿のステートルーム（公式諸間）　贅の限りをつくした豪華絢爛な客室。財力や権力をこれ見よがしに誇示することで、持ち主であるホストと会えることをゲストが光栄に思えるよう仕向けている。日本文化や近代デザインのアプローチとは正反対である。

「日本文化」を見つめ直せば、
新しい日本の価値が見つかる

このように、日本の「察せられてはならないおもてなしの文化」や「わびさびの心意気」と、アメリカの建築家ルイス・サリヴァンが提唱した近代デザインの理念「形態は機能に従う」は非常に近いものです。

両者の根底には、人の行為やモノゴトの持つ機能を突き詰めていけば、自然と調和し、あるべき姿に落ち着くはずだという理想があります。その具現化が、いわゆる「機能美」と呼ばれるものでしょう。この考えのもとでは、ただ消費を促すための意匠や機能はムダであり、美しくないものだとされます。

日本が培ってきたこうした価値観やノウハウは、じつは、近代デザインの発展にも大きな影響を与えてきたことが知られています。バウハウスは、日本の芸術家や学者、技術者などと積極的な交流をおこなっていました。近代デザイン成立に至る前段階であるアール・ヌーボーの時期でさえ、高島北海などの日本人の存在が大きかったのです。

ヨーロッパからすれば、近代デザインで目指していた価値観を1000年以上にわたって培い、発展させてきた日本文化に学ぶことは非常に多かったといえるでしょう。日本にとっても同様で、彼らとの交流を通じ、新しい世界を学び、成長発展に活かすことが

できました。

　日本文化が、デザインを通じて世界の近代化に与えた影響は、たいへん大きなものだったのです。

　しかし、こうした取り組みは長くは続きませんでした。直後に起きた第二次世界大戦によって交流は途絶えてしまい、その後の日本は復興と高度経済成長へと邁進することになります。これは、伝統的な日本文化を世界の発展に活かすチャンスを逃すことでもあったのです。

　その後、日本には消費を目的とした「モノづくり」中心の価値観が定着します。そのため、日本の伝統文化といっても、伝統工芸品や職人の技術にばかり注目が集まってしまうようになりました。しかし、それらは日本文化の表層であり、本質ではありません。

　100年前に近代デザインと共鳴していた、日本文化の持つ価値観を再評価し、それを生かした「新しい価値とモノゴトの創造」をおこなうべきでしょう。そうなれば、先進諸国のつくったモノゴトを表面的に劣化コピーするより、はるかに大きな価値を生み出せるはずです。

　すでに成功例もあります。ビデオゲームの文化です。現在、世界を席巻しているビデオゲームの端緒となったのは、京都の任天堂が「おもてなし」の姿勢でビデオゲームを再構築したことでし

た。現在のビデオゲームは、日本伝統のおもてなし文化が形にしたものなのです。

　その他にも、日本文化や、日本が持つ忍耐力や発想力が生んだ数多くのモノゴトが、これまで世界に多大な影響を与えてきました。

　セイコーのクォーツ腕時計、ソニーのウォークマン®、取引市場でつかわれているローソク足などなどです。

　これらはいずれも、表面的な技術をただ発展させただけではなく、日本独自の観点を元にデザインされたものです。そして、世界中の人々の生活を大きく変えました。

クォーツ式腕時計

セイコーは、1969年に世界初のクォーツ（水晶）式腕時計であるアストロンを発表した。クォーツ技術は精度や大きさ、コストなどに課題があったが、海外のCMOS技術などを積極的に応用するだけでなく、最終的に日本が得意とする木工の磨き技術を応用し、小型化と高精度化に成功した。忍耐強さと伝統に培われた日本らしい成果だったといえる。

セイコーがクォーツ技術の特許を公開したことで、世界的に安価で高精度なクォーツ時計が広まり、子どもや低所得者でも腕時計を着けられる世の中になった。反面、スイスをはじめとする伝統的な機械式時計メーカーが壊滅の危機に追い込まれるという「クォーツショック」が巻き起こった。

アストロン　1969年に発売された世界初のクォーツ時計。価格は45万円で中型自動車1台の値段に相当した。

ウォークマン®

自宅で個人的に音楽を独占するという聴きかたはあったものの、公共の場で外界を遮断し、音楽を個人が独占して楽しむというスタイルは、当時の「音楽は公共的なもの」という価値観からするとかなり異質なものだった。西洋には「破壊できない分厚い壁で、物理的にプライベート空間をつくる」という価値観がある。それに対し、物理的には遮断されていないがプライベートな空間を生み出す、というウォークマンの聴きかたは、「プライバシーは、簡単に破壊可能な紙一枚で便宜上区切られてはいるが、モラルと尊重によって意識的に空間をつくる」という日本ならではの価値観に基づいていたといえる。

ウォークマン® 1979年に発売。開発の期間が非常に短かったため、初代モデルは実績のあった「プレスマン」の金型を流用した。

ローソク足

今や世界中の証券取引などで活用されているローソク足（Candlestick Chart）は、日本の大阪で生まれたとされている。当時はコメが重要な資産として扱われていたが、その米の先物取引に利用されていたのがローソク足である。
この分析方法の証券取引への応用は世界的に評価され、活用されるようになった。コメ中心の伝統文化を持った日本ならではの応用例といえる。

残念ながら、こうした日本ならではの価値観でデザインされたモノゴトは、この30年間、まったくといえるほど生まれていません。

しかし、日本文化をもう一度見つめ直せば、こうしたデザインはまだまだ可能なはずです。日本文化が持つ価値を自覚することが、衰退に向かい始めた現在の日本において、もっとも重要な姿勢の1つではないでしょうか。

　事業創発などのプロジェクトに関わるみなさんは、ぜひ日本文化という切り口を意識し、新しい社会へ応用するという観点を持って、アイデアを生み出していただければと思います。それが、日本ならではのデザインにつながっていくはずだからです。

POINT

- ☞ 近代デザインには、欧米の「これ見よがしの文化」に対する反省として、「形態は機能に従う」という理念がある。
- ☞ 近代デザインは、日本の「察せられてはならない」という「おもてなし」や「わびさび」の文化に近い価値観。
- ☞ 日本人は日本文化に目を向けることで、海外の劣化コピーではないモノゴトを創造できるようになる。

第3章

創造力を鍛えるにはどうすればよいか

ここまでお読みいただいた方は、「では、実際にどうすればよいのか？」という疑問をお持ちになったのではないかと思います。そこで、この章では、創造力を鍛え、デザインへの理解力を高める訓練方法についてご紹介します。もちろん、今日から始められることばかりです。

　訓練方法としましたが、ご紹介するのはカリキュラムやドリルではありません。デザインは創造活動そのものですから、訓練メニューを機械的にこなせば身につく、用意されたツールを埋めればできる、という性質のものではないからです。

　創造力を身につけるためにできること、役立つ情報などをお伝えしますので、日常生活や普段の仕事に取り入れてみてください。だんだんと、デザインへの感覚、認知が深まっていくはずです。

　また、ここでお伝えすることのすべてを覚えたり、実行したりする必要はありません。

　大切なのは、自分の興味のある部分をまず掘り下げていくことです。ここからは見出しごとの拾い読みでも構いません。

日常生活で創造的思考を鍛える

デザインに必要な思考とは

　デザインをするためには、脳を創造的にし、発想力を高める必要があります。

　わたしは脳科学者ではないので、脳の生理的な機能について深く正確に掘り下げることはできません。しかし「創造的な思考」について具体的なイメージを描き、日々それを意識する習慣を持つことで、創造的な発想はしやすくなる、ということはお話しできます。そのことについて、解説しましょう。

　人は、目や耳などから情報刺激がインプットされると、それに対する反応をアウトプットします。その過程で脳がおこなう作業の1つが「思考」です。

　大まかには、外界との接点は右脳で、内部的な理解をおこなうのは左脳だととらえればいいでしょう。視覚、聴覚、触覚、味覚、嗅覚といった五感で得られる膨大な刺激は、すべてデータとして右脳を通じてインプットされます。それが何なのかを理解するために、左脳が持つ知識情報という記憶が用いられる、というものが「思考」のイメージとしましょう。

　これを踏まえて、思考の種類を2つに分類してみます。

2種類の思考

- **受動的思考** …………… 入ってきたデータに対して、単に記憶と紐づけて、そのまま受け入れる思考

- **能動的思考** …………… 入ってきたデータと記憶を組み合わせ、新しい解釈をしたうえで、外に働きかける思考

受動的思考と能動的思考

第3章　創造力を鍛えるにはどうすればよいか

受動的な思考の場合、あまり深く考えずに答えを決めてしまいます。この思考でおもにつかわれるのは感覚を司る右脳です。外部から入ってきた刺激（データ）は、記憶との比較や照合によって情報化し、単に事実としてそのまま受け入れます。
　能動的な思考の場合、おもにつかうのは左脳です。単に情報化するだけでなく、その情報を右脳と左脳の間で反復し、「解釈」を深めていきます。その結果が、「ひらめき」として発信されます。

　このとき、外界から絶え間なくインプットされる無限ともいえる膨大なデータ（刺激）を、１つ１つすべて意識することはほぼ不可能であることが、想像していただけるかと思います。
　実際に人間の脳は、入力されるデータすべてを処理していません。それが必要か不要かを無意識のうちに判別し、不要なデータは無視するというフィルターのような機能が備わっています。
　一例を挙げると、生命に関わるデータは当然必要ですから、最優先で処理されます。この処理は、進化の過程で備わった生命維持"脳力"とでもいうもので、ほとんどの場合、何も意識なく、自然に機能するものです。
　しかし、生活に関わる文化的なデータの処理は、生命維持のようにはいきません。これは意図的に訓練をしなければ、能力として身につかないのです。

　たとえば「痛い」というインプットがあったとしましょう。生命に危機を感じるような痛みは、生命維持"脳力"で必ず意識にのぼって優先的に扱われます。しかし、痛みそのものではなく「何

をしたら痛いのか」という行為自体は文化的なデータですから、訓練がなければ意識することができません。

　この訓練にあたるものの1つが「経験」です。たとえば、加熱したヤカンで火傷を負ったことのある人は、次からはヤカンに気をつけるようになるでしょう。置いてあるものに足をぶつければ、次からは避けようとします。子どもが転んだり喧嘩をしたりして、痛みと行為を紐付けて学習することで、さまざまな危険を察知することができるようになるのも同じ仕組みです。

　このように一度経験してしまえば、フィルターによって無視されなくなり、意識できるようになります。起こりうることを想像、予測し、危険回避などができるようになるのです。ここまでが受動的思考です。これに、問題を解決し、危険が発生しない環境をつくろうという「理想化」が加わると、能動的思考になっていきます。

　しかし、これには限界があります。わたしたちの生きる現在は、高度に複雑化されており、常に新しい事態に遭遇し、未知のデータがインプットされ続ける社会です。原始的でシンプルな社会とは違い、インプットされるデータはあまりに膨大です。一個人の経験と知識だけで「必要なデータ」と「不要なデータ」を判別することは、どんどん難しくなっているのが現実です。結果として、処理の追いつかない脳は、ほとんどすべてのデータを無視するようになり、思考停止をまねきます。

能動的思考による理想化の例

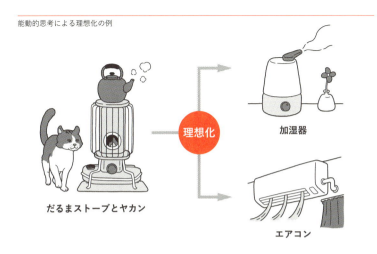

だるまストーブとヤカン → 理想化 → 加湿器／エアコン

　こうした思考停止の状態では、受動的思考までが精一杯です。「解釈」や「ひらめき」といった能動的思考に進むことは非常に困難になります。結果として、無関心や無知を生み、興味関心の先にある、わたしたちの創造性を奪ってしまうといえるでしょう。創造性を取り戻すためには、脳が「勝手に無視する」という状態を意識的に変える必要があります。

　これには、次ページからご説明する、脳のワーキングメモリ（作業記憶）の特性を理解することがカギとなります。強い興味関心の持てるテーマを用意し、ワーキングメモリに刷り込むことで、無意識のフィルターをコントロールできるようになるからです。

5つのテーマに絞って生活する

自分のワーキングメモリを意識する

　人間の脳には、短期的な記憶を整理するためのワーキングメモリ（作業記憶）という機能があることが知られています。目や耳などの五感からインプットされる膨大なデータのうち、必要なものを選び、それを文字や数字といった認識できるデータとして一時的に保持し、自動処理する仕組みです。

　この自動処理を、脳は一度に7つまでしかおこなうことができないとされます。記憶時間の短さと、この容量制限がワーキングメモリの特徴です。

　ワーキングメモリには「チャンク」と呼ばれる7つの入れ物があり、情報処理はこのなかでおこなわれます。それぞれのチャンクはテーマを持ったラベルのようなもので、インプットされてくるデータをチャンクに紐付け（＝タグ付け）をし、自動的に処理していきます。

　もちろん実際の脳に入れ物があるわけではありません。あくまで仮想的な概念ですが、先ほどの右脳左脳の機能、そして、このワーキングメモリの機能をイメージすることで、脳の自動処理能力を効率的に高めることができます。これが、創造的思考の先にある「最高のアイデア」を導き出す土台となるからです。

これには理由があります。それは、人間が意識下でコントロールできる処理は、原則的に一度に１つだからです。しかし、無意識下でおこなわれる脳の自動処理はシングルタスクではありません。無意識のうちに、複数の情報を迅速に処理し、次々にコントロールしています。この無意識の領域をつかいこなせるかが、創造的思考の能力の差になるのです。

ワーキングメモリとチャンクをつかいこなす

　無意識をコントロールし、脳の自動処理を促すのはじつは難しいことではありません。スポーツなどで「身体が自然に動く」という感覚になるのと同じで、訓練や調整によって誰でもできるようになります。
　最初の一歩は、意識して刷り込むことです。少しずつイメージを深めながら、感覚をつかんでいきましょう。手順は次のようになります。

・ステップ１
　まず、右脳と左脳、ワーキングメモリ、チャンクの働きと関係を理解します。

・ステップ２
　脳の働きをイメージしながら、チャンクにテーマを設定します。これによって、インプットされるデータに対してタグ付けできる状態をつくります。

・ステップ３

脳の働きとテーマを意識しながら生活します。得られた情報を、周囲に説明できる状態まで落とし込み、できるだけアウトプットするようにしてください。

これをしばらく続けると、とくに意識しなくとも、自然にチャンクへのテーマ付けと、脳の自動処理がおこなわれるようになります。テーマ付けによって短期記憶が連続記憶となり、脳が自分にとって必要だととらえ、優先度が上がっていくのです。

自然におこなわれるというのは、決して誇張ではありません。実際、正解のない状況に身を置き、日々真剣に創意工夫をし続けている人たちにとって、これはあたりまえの状態に過ぎません。この３つのステップは、誰もがこうした人たちと同じような状態をつくれるようにするためのものです。

テーマ設定できるチャンクの数は５つ

チャンクのテーマ設定についてもう少し補足しておきましょう。

先ほど「ワーキングメモリにはチャンクによる７つの処理制限がある」といいましたが、正確には個人差があり、その数は７±２だとされています。とはいえ、一般的な限界は７つだと考えればいいでしょう。

ただ７つをすべて同じようにつかえるわけではありません。ほとんどの場合、よほど訓練しない限りは５つ以下です。電話番号やシリアルコードなどが４〜５文字以内で区切られているのは、このためです。わたしたちが意識的にテーマを設定し、一定の期間

記憶を維持できるチャンクの数も5つが目安です。

　この5つのチャンクにも区分けがあります。
　3つのメインチャンクは、入れ替えがほぼ発生しない、重要で長期間のテーマを設定します。2つのサブチャンクは、優先順位は少し低く、入れ替えが頻繁に発生するテーマを設定するのに適しています。
　具体的にイメージしてもらうため、わたしが個人的に設定しているチャンクのテーマをつかって解説しましょう。

ワーキングメモリとチャンク

外界
ワーキングメモリ
メインチャンク：優先度　高　　サブチャンク：優先度　中
チャンク1　チャンク2　チャンク3　チャンク4　チャンク5

チャンクの中でさらに5つのカテゴリ分けをし、テーマを深掘りしていく

メインチャンク（人生のテーマを設定）

1. Main Chunk 1
   日本社会の諸問題をデザインで解決するための活動

2. Main Chunk 2
   子育て
3. Main Chunk 3
   あるべき日本映画を撮りたい

サブチャンク
（日常生活や仕事のプロジェクト単位で向き合うテーマを設定）
4. Sub Chunk 4
   人間性の研究
5. Sub Chunk 5
   腕時計（趣味）

　メインチャンクは、人生のテーマのようなものです。基本的に、人生の転機がない限りは入れ替えることはありません。先日引退したイチロー選手が小学生のときから「プロの野球選手として活躍する」というテーマを持ち続けていたのも、このメインチャンクの一例といえるでしょう。

　わたしの例でいえば、1の「日本社会の諸問題をデザインで解決するための活動」が中学生のころから設定し続けているテーマです。2の「子育て」は、子どもができてから設定されたテーマで、比較的最近入れ替えたものです。ちなみに、それ以前は「まっとうで安定した生活をする」というテーマでした。3の「あるべき日本映画を撮りたい」というテーマも、小学生のときに原型ができたものです。最初は「自分にしかできないことを、人の役に立つ文化活動で実現する」にするというテーマだったものが、絵

画、音楽などに接することを経て、やがて映画に落ち着きました。自分にとっては、今も変わらぬ重要なテーマなのですが、実際には専門学校に通った以上の取り組みはできておらず、残念な状態になっています。

　サブチャンクは、数カ月単位でよく入れ替えています。
　4の「人間性の研究」は、弱点を克服するためのテーマです。わたしの仕事は、毎日のようにさまざまな業界や職能の人たちと共感する必要があります。しかし人間関係の構築は幼少期から苦手で、その能力の低さを痛感したことで設定したものです。5の「腕時計（趣味）」は3年ほど前にサブチャンク入りしました。それまでの、興味のあることはすべて仕事につなげるべきという考え方を変えたのがきっかけです。趣味にサブチャンクを費やせるのは、生活や人生に多少余裕が出てきた証拠なのかもしれません。

　完全にわたくしごとのサンプルになってしまいましたが、メインチャンクとサブチャンクのつかい方はイメージしていただけるのではないでしょうか。
　ここで押さえておきたいポイントは、頻度に違いはあるものの、いずれのチャンクでもテーマは入れ替わるものだということです。しかし、入れ替わったからといって、その知識や経験は完全に消去されるものではありません。チャンクに設定し、真剣に向き合ったという経験と知識は、必ず残り続け、創造的思考を広げる糧となるのです。

人工的に「アイデアが降ってくる」状態をつくる

　右脳と左脳、ワーキングメモリ、チャンクの働きを活用することは、天才的な脳力を人工的につくり上げることでもあります。その実例が、女性で初めてグランドマスター（チェスの最高位）になったスーザン・ポルガー（Susan Polgar）です。

　彼女は父親とのトレーニングにより、チェス盤の状態を理論や戦略ではなく「勝つ匂いのするパターンの絵柄」として認識していることが、科学的な実験によって確認されました。詳しくは省略しますが、そうした境地に至る過程は、右脳の表現力、左脳のデータベースの拡充、そしてワーキングメモリの鍛錬、さらにはチャンクのテーマ設定によるものだったのです。

　スーザンが研ぎ澄ませたのは「勝つ絵柄」への嗅覚でした。彼女と同じ手法をチェスではなくデザインにつかうことで、わたしたちは「問題の本質」「パラダイムシフト」などに対する嗅覚を研ぎ澄ますことができます。それによって、脳は無意識のなかで、最良のひらめき（アイデア）をもたらしてくれるようになるのです。

　意識的にアイデアを発想するのは簡単ではありません。多くの人は「ふとした瞬間」に気づいたり、ひらめくものです。

　世の中に存在する素晴らしいアイデアのほとんどは、散歩、食事、入浴、就寝直前、休暇明けといった気の抜けたタイミングで生まれているといっても過言ではないでしょう。創造的なアイデアは、多くの場合、無意識状態で「降ってくる」ものなのです。

　このトレーニングの目標は、この「降ってくる」状態を意図的

につくり出すことです。スーザンだけでなく、訓練を続けることで必ず身につきます。逆にいえば、テーマを持って生活し、意識して訓練しなければ、創造的なアイデアは生まれることはないでしょう。

創造的思考の鍛え方は、アスリートと同じ

　デザインに必要な脳力、創造的思考は、日々の生活のなかで鍛えることができます。そのありかたはアスリートと同じです。

　アスリートたちは、自らの身体の反応を無意識的にコントロールできるようにすることで、身体能力と技術を高めています。ポイントとなるのは右脳によって意識する「フォーカス」、そして、左脳に蓄積される「経験」と「知識」です。デザインする能力も、これと同じやり方で高めることができます。

　創造的思考に必要な「フォーカス」とは、日々の生活で脳に入ってくるデータを意識し、処理できるようにすることから始まります。これは右脳の役目です。

　いつもなら「勝手に無視する」対象だったデータも、先ほどのように、テーマ設定によってフィルターを管理することで、右脳はそれを無視せずフォーカスするようになります。これによって、インプットされたデータを、優先的に左脳に渡せるようになります。これは「世の中にアンテナが立った状態」といえるでしょう。

フォーカスがない脳とフォーカスした脳

　「訓練」とは、このフォーカスを意識的に続けることです。これは簡単ではなく、ツラさもあります。その意味でもアスリートの訓練と似ています。しかし、続けることで、だんだんと無意識的に処理できるようになり、身体能力といえるレベルに上げていくことができるのです。

　トップアスリートは、自らのベストな状態を「身体が自然に動く」と表現することがあります。創造的思考も訓練を経ることで、意識しなくても、反射的に働かせることができます。身体が学習する、といってもいいでしょう。

　ブルース・リーの有名なセリフに「Don't think！Feel！(考えるな、感じろ！)」というものがあります。このオマージュとして、映画『マトリックス』でも「速く動こうと思うな、速いと知れ」という

セリフがあります。どちらも人間の意識下でコントロールしていては、処理が追いつかないことを指摘したセリフです。フォーカスする（意識する）という訓練の最終的な目標は、脳を無意識下で働かせる状態を意図的につくり出すことです。

　また、アスリートとデザイナーは、経験や知識面においても、その専門性の高さが似通っています。

　テレビなどで、体格のよい腕自慢の一般人やタレントが、トップアスリートに挑戦するという企画がよくあります。ほぼ確実にボロ負けするのは、みなさんご存知のとおりです。その差は生まれ持った身体能力ではなく、膨大な知識と訓練によって生じたものです。

　デザインも同じで、知識と訓練のない人が、正しくデザインをすることはほぼ不可能です。「絵を描くのが得意」「人と違った発想ができる」というレベルでデザインの仕事ができると感じてしまう人は少なくありませんが、それは間違いです。世界の第一線で活躍しているデザイナーたちは、みな科学としてのデザインを学び、最低でも10年は熟練を重ね専門家＝アスリートとして仕事をしています。

　この事実をお話しすると、興味を失ってしまう方もおられます。しかし、ビジネスの現場では、専門的なデザインに関する部分はプロのデザイナーに任せ、話のやりとりが成立すれば充分という場合がほとんどです。

　プロジェクトに参加するデザイナー以外のメンバーにとって必要なのは、デザインそのものへの理解と創造的思考だといえます。

そうした人たちが集まれば「文殊の知恵」となり、新しいモノゴトの創造を始めることが可能になります。プロのデザイナーは、それを計画として成立するようフォローしていくのが理想の形です。

こうした場において必要な創造的思考は、個人差はあるものの、日々意識して実践さえしていれば誰でも身につくものです。わたしがこれまで取り組んできたプロジェクトでも、半年もするとみなさん創造的思考をするようになりました。

日常生活でもできる創造的思考の鍛え方

創造的思考を鍛えるための、実践的な方法を解説します。
最初のうちは、続けることに少々ツラさを感じるかもしれません。しかし、効果は必ずあらわれますし、訓練内容自体は非常にシンプルで簡単です。
図やリストで整理すれば簡単な内容なのですが、あえて文章でお伝えします。図やリストにすると、テンプレートやプロセスとしてとらえてしまい、「答え合わせ思考」になってしまうためです。ただし、ご自身で図表化するぶんには構いません。頭に入らないようでしたら、図表化してみてください。
まず、この訓練で必要なものは、この３つです。

1. フォーカスするテーマ
2. テーマに関する歴史が書かれた資料
3. 実践する場

テーマはみなさんが実際に従事している仕事に関わるものにすると良いでしょう。

参考として「クルマ」をテーマにした実践例をご紹介します。この参考例の「クルマ」の部分をみなさんが設定したテーマに置き換えれば良いだけです。

創造的思考訓練　参考例テーマ「クルマ」

・ステップ１「テーマ設定」

自動車に関わる仕事に従事している方が、テーマを「クルマ」にしたとします。

考えるのは「新しい価値とモノゴトの創造」です。

本書でも触れたように、価値とは「社会の問題を解決し生活を革新すること」で、モノゴトとは「解決方法」を指します。

テーマはクルマですが、フォーカスする対象はクルマそのものではありません。まずは、クルマが持つ社会的な役割にフォーカスしてください。考えるべき内容は「クルマはなぜ社会にとって必要なのか？」ということになります。

この思考を深めるためには「クルマ」というテーマについて、強い興味と関心を持つことが欠かせません。実際の仕事に関わるテーマが有効だと解説したのは、そのためです。

・ステップ２「情報収集」

クルマというテーマに対する強い興味・関心を持ちながら、その歴史について解説した情報資料を集めます。歴史といっても多

種多様です。誕生からの時系列的な歴史、カタログ、技術の進歩といったものから、事故、映画や音楽などでの扱われ方、クルマの影響によって生まれた文化や制度、広告宣伝といったものまでがすべて歴史です。この資料を読み込み、クルマの成り立ちや、クルマが持つ価値（役割）への理解を深めていくことで、いい加減なノイズ情報に惑わされなくなっていきます。

そして、情報資料で得た知識と照らしあわせながら、日々の生活で、クルマを意識して世の中を観察します。ポイントは、テーマへの強烈な興味関心を常に持ち続けることです。すると、いくつかの疑問が湧いてくるはずです。

この「疑問を集めること」が、このステップの目的です。

・ステップ3「試行錯誤」

集めた疑問を、さらなる観察や情報収集、またはインタビューなどで検証し、解き明かそうとしてみてください。

ただし、この作業ですべての疑問が完全に解けたり、収束したりすることはめったにありません。それどころか、真剣に取り組めば取り組むほど、さらなる深い疑問を生むことになるはずです。

この反復を繰り返すと、やがて、これからのクルマのありかたについて一定の「仮説」が見えてきます。この仮説が、クルマそのものに閉じたものではなく社会的な問題や課題に紐付いていれば、それはデザインにつながるものになっている証拠です。そうなっていないようであれば、反復が足りていませんので、もう少し頑張りましょう。

次に、この仮説を仕事の場で周囲に説明してください。すると、

あなたの仮説に対して、さまざまな意見やアイデアが得られると思います。このとき、否定的な反応をされることもあります。しかし仮説を検証し、試行錯誤をするためには、ここは必ず通らなければならないところです。絶対に挫折しないようにしてください。

　ときにはクルマではなく、クルマの先にある、新たなテーマが見えてくることがあります。

　その場合は、躊躇せず、テーマの設定に立ち戻って、クルマというテーマを差し替えてください。

　この訓練を毎日、2〜3カ月程度続けていると、意識しなくてもテーマについて考えられるようになります。脳が自動的にデータを集める状態になるのです。無意識のうちに、テーマについての情報が右脳左脳間で常に処理され続けている状態といってもいいでしょう。

　こうした状態になると、ふとした瞬間に、それまで思いもしなかったような仮説がひらめくようになります。

　脳が「創造的思考」をし始めた証拠です。

　自分が持っていた事実だけを判断材料にした受動的思考がリセットされ、能動的思考に切り替わったのです。

因果関係よりも相関関係が重要

可視化すべきなのは、因果関係ではなく相関関係

　答え合わせを軸に思考していると、因果関係にとらわれてモノゴトを見ようとしてしまいます。残念ながら、「答え合わせ思考」中心の教育を受けてきた、わたしたち日本人はその傾向が非常に強いといえます。

　正しい答えを見つけようとする思考法は、その事象を起こす原因にフォーカスしようとします。原因さえ見つかれば、すべてが説明でき、コントロールできると信じ込んでしまうからです。いわゆるゴッド・コンプレックスの状態です。

　しかし、バタフライエフェクト[※2]という言葉があるように、人間が複雑怪奇な世の中の理をすべて理解し、コントロールすることは不可能です。

　ましてや、わたしたちがさまざまなビジネスを通じて解決しようとするような社会的な問題が、単純な因果関係で説明できるわけはありません。理解することも不可能なほどの要素と、その影響の積み重ね、連鎖によって、世の中は動いているからです。

　この状態を受け入れ、デザインを進めるためには、因果関係ではなく相関関係という観点でモノゴトをとらえる必要があります。

※2　予測困難性を指す言葉。蝶の羽ばたきが地球の気象に影響を与える可能性から。

相関関係とはAとBに明らかな関連性がある状態を指します。因果関係は相関関係の1つで、原因Aと結果Bとの関係がはっきりしている場合です。

因果関係と相関関係

因果関係

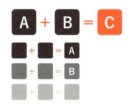

「AとBを足せばCになる」という、答え合わせを無限に突き詰めていくことになる。終わりがなく、全体像が見えにくいうえに、方程式を置き換えるとすべてやり直しになる。多くの場合、特定の方程式ですべて解決できると思い込んでしまう点も問題。

相関関係

「Cを生む背景（問題）は何か？」「ABCの関係は何か？」という部分に着目し、Cが起こらない仮説を立てればよい。答えを突き詰める必要がなく、全体が可視化しやすい。関係性の置き換えや取捨選択をし直しても、背景がブレなければやり直しにはならず、試行錯誤がしやすい。

世の中で複雑に絡み合う「影響の積み重ねと連鎖」を、完全に認識することはできません。わたしたちにできるのは、そのなかにある相関関係を読み取り、仮説として可視化することです。これが、デザインにおける問題抽出のカギとなります。ポイントは、因果関係を探り出すような"化学"的真理の追求ではなく、試行錯誤の追求である"科学"的な行為であるというところです。ユニリーバのノズルのように、正しく機能し、価値を発揮していればそれで良いという前提のもとで、仮説は設定されます。

もちろん仮説に対しての裏付けは、検証を通じて可能な限りおこないます。そして、それが個人的な思い込みや、特定の都合に合わせたものではなく、人間社会の成長と発展という価値に即しているかを説明できるようにすることがデザインにおいては重要です。

相関関係を見出し、仮説に落とし込む「情報デザイン」

天気予報が「情報デザイン」である理由

　相関関係を可視化する具体的な方法は「情報デザイン」というジャンルにおいて一定の確立がされています。情報デザインをわかりやすく説明するとき、わたしがよく参考例としているのが、渡辺保史氏が『情報デザイン入門』（平凡社）で挙げていた天気予報です。天気予報は、情報デザインの１つである、という趣旨なのですが、要点をご紹介しましょう。

・仮説である点

　天気予報はあくまで予報であり、確実に起こることを伝える情報ではありません。報じられるのは、複雑な要素が関わる気象データの相関関係を読み解いて、天候にどういった変化が生じるかを予測した仮説です。

　また、その仮説に至った理由は、専門家によって科学的に証明できるものになっています。

・人間社会に対する価値がある点

　この仮説を活用することで、あらゆる人が簡単に天候を予測できるようになりました。

もちろん、天候をコントロールできるようになったわけではありません。しかし、天気予報というサービスの創造によって、未来の天気に備えた対処が可能になったのです。これは、人間社会にとって高い価値があります。

・相関関係を見出している点

天気予報とは、単体では意味をなさない膨大な気象データを、ある仮説に基づいて相関関係を見出し、価値のある仮説情報にする技法といえます。

気象観測所は全国に約160カ所あり、地上の観測装置が測定するデータは、湿度、気圧、温度、風速、風向きといった数値が主体です。単体では、ほとんど意味を持ちませんが、複数地点のデータを掛け合わせ、時間による変化を見れば、意味が生じます。さらに、過去のデータや海外のデータ、気象予報士の分析、最近では一般の人の現地報告などを織り交ぜ、今後どのような天候になるかを推測した結果である仮説を予報として発信しているのです。

相関関係の部分で注目すべきは、気象状況というものが単純な因果関係で成り立っているものではないという点です。自然のなかで観測したデータに相関関係を見出し、天気予報として表現する「自然の情報化」は、まさに情報デザインそのものです。

いかがでしょうか。

「相関関係を見出し、仮説を立てる」というデザインの工程と、情報デザインの概観がイメージできたのではないでしょうか。

情報を生み出すこと自体が、デザインというわけではありません。しかし、天気予報は、創造的であり正しくデザインされているといえます。

　相関関係によって導き出した仮説である点はもちろんのこと、天気予報というサービスが人や社会の抱える障害を解決するために役立っている点が重要です。

　付け加えれば、晴れマークや雨マークなどの図解によって、専門知識のない大多数の人が理解できる表現に落とし込んでいる点も、重要な要素でしょう。

　天気予報という発明は、正しくデザインされたモノゴトの代表例であり、情報デザインというアプローチが明確に見て取れる事例なのです。

　また、「モノとは関係のない天気予報がなぜデザインなの？」という疑問をみなさんに持っていただけることも、たいへん優れた例であるといえる要素です。

相関関係を意識することを忘れない

　繰り返しになりますが、因果関係の追求は、新しい価値とモノゴトの創造にはつながりません。モノゴトの解釈を狭い領域に封じ込め、手持ちの事実だけで世の中を掌握しようとさせ、ゴッド・コンプレックスを招いてしまうからです。

　デザインという行為を進めるためには、常に未知の領域に想像をはたらかせ、新しい解釈によってさまざまな要素を見出していかなくてはなりません。これは大前提です。

なぜ、これほど相関関係についてしつこく繰り返すのかというと、これまでに見てきた数多くの事業創発プロジェクトで、因果関係を抽出することに終始した結果、創造ではなく改善レベルに陥ってしまうという状態が見受けられたからです。「原因と結果」という単純な解釈は、理解しやすく、周囲への説明も容易なので、意識していないとついついそちらに引きずられてしまうのでしょう。無意識のうちに、因果を求め、すべて掌握し、解析結果を説明する姿勢になりがちなのです。

　しかし、たとえ単純と思える事象であっても、それを構成するすべての因果関係を抽出できる人など存在しません。

　それを「できる」と感じるのは、自分たちが用意した箱のなかでしか人やモノゴトが存在していないととらえている状態であり、まさにゴッド・コンプレックスそのものです。

　その姿勢では、本質を見失い、多くの場合「経済都合のなかで答えを設定する」という結果に収束していきます。その結果として生まれるのは「新しい価値とモノゴトの創造であるデザイン」ではなく「新商品開発や既知のモノゴトのカスタマイズ」に過ぎません。

　デザインをするには必ず、相関関係を意識しなくてはならないのです。

常識との向き合い方

創造力を奪う常識のフタ

　創造的な思考とは、すべてのモノゴトに対して「本当に機能しているのだろうか」「これは必要なのか」と疑うことでもあります。そのためには、いわゆる「常識」に抗うことも必要です。しかし、わたしたち日本人は、答え合わせを基本とし、売り手の都合を最優先に考え、習慣や一般論から外れることをタブー視します。

　こうした姿勢と価値観は、創造的な思考に「常識という名の重いフタ」をしてしまいます。このフタを外すためには、ある種の勇気が必要です。

　これは、闇雲に向き合っても、なかなか上手くはいきません。無理をすれば、想像以上のストレスがかかり、周囲とのトラブルにもつながるでしょう。

　常識のフタを外し、上手く向き合うために、精神面と技術面の両方でできることがあります。ここで、いくつかのコツをご紹介したいと思います。

常識のフタを外すコツ

精神面でのコツ

1. 意見を「強い提案」ととらえ、
   常に変更の余地を持つようにする

　日本では、発言内容や意見を変えないことが「責任」である、ととらえる傾向があります。しかし、自分や他人の意見を「唯一の答え」と設定し、「責任」としてしまえば、内容よりも、それを守ることを重要視してしまい、柔軟な意見交換や試行錯誤の妨げとなります。

　そうではなく、「強い提案」という前提で発言をし、受け止めるようにすれば、新しい意見を手に入れ、解釈を変えられる余地が生まれます。そうすることで、深く、創造的に、思考が進んでいくのです。

2. 「否定」は当たり前であり、
   されないほうがおかしいととらえる

　わたしたちは他人から否定されることを恐れます。否定された意見をミスと認識し、恥じたり幻滅したりして、取り組むのをやめてしまうことも少なくないでしょう。

　しかし、優れたデザインは常識を外れた視点を持つものです。常に万人に受け入れられるとは限りません。常識にとらわれている

人に否定されることは、むしろ、新しい価値、新しいモノゴトに向かっている証拠であるともいえます。

ですから、否定はむしろ歓迎すべきことだととらえてください。そうすることで、常識からも、正解か不正解かにこだわる、答え合わせ思考からも逃れることができます。注目するべきは、辻褄が合っているのかであり、社会や生活の価値に向き合っているか、なのです。

3．多くの情報や事実を集め、自信と謙虚さを持って向き合う

否定と同様に、こちらの説明が通じないのもツライものです。

誤解され、相手の常識を覆せない状況に置かれると、自信を維持するのは難しくなります。自分の提案に確信がなくなれば、さらに取り合ってもらいにくくなってしまうでしょう。

この悪循環を防ぐには、より多くの情報を集めることと謙虚さが必要です。

他人よりも多くの情報（事実）を提示すれば、周囲は納得せざるをえません。ただ、いい負かそうとしてはいけません。自分の意見には足りない要素があることも謙虚に認識し、他人の指摘を取り込む姿勢も大切です。この両方を心がければ、さらに多くの事実を集めることにもなり、素晴らしいアイデアが生まれるようになるでしょう。

4．続けていれば賛同は必ず広がる

あなたの考えを否定して相手にしなかった人も、その考えに価値があることに気づけば、やがては必ず賛同してくれるようになります。そのためには、自分の考えを持ち続けるだけでなく、発信し続けなくてはなりません。

世の中が変化しようとするとき、常識はブレーキをかけようとするものです。そのブレーキを回避し、創造的思考のアクセルを踏み続けることこそが、創造計画というゴールに突き進む唯一の方法だといっても過言ではありません。ささいな常識のブレーキにくじけ、持続しないアイデアを量産する人には誰も賛同しないものなのです。

5．提示するのは、常識の「一歩」先まで

アイデアが創造的であればあるほど、革新性は増し、何らかの刷新を伴うようになるものです。すると、ついていけない人が現れ、「絵空事だ」と真剣に取り合ってくれないことがあります。それまでの常識が崩れ去ることに不安を覚える人も出るでしょう。

真に創造的なアイデアに正面から向き合うには、かなりの情報量と熱量が必要です。拒否反応が起こるのは、それを持ち合わせない人たちに、長い時間をかけて集めた情報や想い、アイデアのすべてを短時間でぶつけてしまうからだといえます。

ですから、最初に提示するのは、常識の一歩先程度に留めておくのが賢明です。現在の延長線上にあり、現実的で、誰にでもイ

メージできるレベルから始めることで、次第にその先にある大きな価値を共有することができるようになります。

歯がゆいかもしれませんが、創造的なアイデアは、受け入れる態勢にない人たちにとってはキャパシティを超えたものになりがちです。まずは、周囲を巻き込める状況をつくることを優先するのが良いでしょう。

そこまでしても周囲がついてこないのであれば、極端に創造性のない環境におかれている証拠です。発信する場を変えてみるのも1つの手でしょう。

技術面でのコツ

1．常識を分解する

今、この世の中に存在しているすべてのモノゴトは、現在の常識の枠内で成立しているといえます。常識をくつがえすためには、常識を理解していなくてはなりません。くつがえす対象が何かを知らなければ、くつがえしようもなく、ただの空想に終わってしまいます。常識をしっかりと理解しているからこそ、常識が抱える問題が見えてくるのです。

常識を理解する方法の1つが、すでに存在するモノやコトの分解です。分解していくことで、そのモノゴトを形づくっている常識の正体が見えてきます。表面をなぞっているだけでは、わからない本質が見えてくるのです。すると既存の常識にも、深い理由や目的があり、複雑な要素が積み重っていることに気づけます。

2．その「モノゴト」がない世界を想像してみる

　新しいモノゴトに向き合うとき、現在存在しているモノゴトの役割をそのままにしていると、常識にとらわれた状態になります。なぜなら、モノゴトの役割は、そのモノゴトが解決している旧来の問題や課題に紐付いているものだからです。役割がそのままなら、既存の問題や課題を生じている状況もそのままになります。

　創造的思考をするためには「旧来の問題や課題、既存のモノゴトが存在しない世界」を想像することが有効です。そうすることで現状の常識をリセットすることができ、常識的には「ありえない」と思えるようなことも、イメージしやすくなるからです。

3．100を目指すなら、200を前提に考える

　革新や刷新を目指すのであれば、常識をくつがえさなくてはいけません。もし常識の枠を100とするならば、最低でも101以上のレベルの発想が必要になります。ところが人間には無意識のブレーキがあります。目標を100前後に設定すると、決してそこには届かず、最終的には50にも満たないような結果になるのが常ではないでしょうか。

　創造的な思考には、科学的であるという前提のうえで、いわゆる「振り切った考え」が必要です。ある範囲内に収めようとせず、常に200以上を意識して大胆に振り切ることを前提にしてください。そうすることで、初めて100を超える結果にたどり着けます。革新性を生むためには、大胆なアイデアに真剣に取り組むことが

欠かせないのです。

4．カジュアルな場で「もしも話」をする

わたしたち日本人は指示やルールに従順な気質がありますが、その一方で、そうした規制を外されると、途端に奇想天外な発想をするという傾向も持ち合わせています。とてつもないアイデアが出るのは、そうした場ではないでしょうか。この状態をシミュレートするのにうってつけなのが、カジュアルな場での「もしも話」です。

仕事の場では、利害関係、損得、実現性といった常識にとらわれてしまうような話でも、飲み屋などで無責任にふざけながらする「もしも話」なら、大胆な意見や提案も自然に交わすことができます。誰かのジョークのような極論が「意外にこれアリじゃない？」というアイデアにつながるケースも多いでしょう。

この感覚を身につけると、仕事の場でも常識のフタを外した自由な発想ができるようになります。もしも話は、そのための手軽で有効なテクニックなのです。

5．どのような「都合」で存在し、
　　ねじれているのかを考える

あらゆる問題、課題、モノゴトは、何かしらの「都合」によって成立しています。第2章では、問題の根本には「知らない」があると書きました。都合を「知る」ことは、問題、課題、モノゴ

トを正しくとらえ、解決策を考える糸口になります。

　都合は「意図的に発生している」「盲目的に発生している」「誤解によって発生している」という3つの状態があります。3つのうち、どの状態なのかを見極め、都合を知ることで、問題、課題、モノゴトを解明していけるのです。

パラダイムシフトの匂いを感じ取る

イノベーションとパラダイムシフト

　先述したように、デザインや創造的思考は、革新と刷新がゴールになっていることで成り立っています。

　この革新がイノベーションであり、刷新はパラダイムシフトです。よく似た言葉ですが、両者の意味するところには違いがあります。

　この2つについて、振り返ってみましょう。

・**革新（イノベーション）**

　「つかえなくなったものを、新しいつかえるものと入れ替えること」を意味する言葉です。同じような言葉に「変革」がありますが、これは改善による大きな変化であり、新しい何かを生み出したわけではありません。

　イノベーションでは、まったく新しい役割を持った何かが生まれます。形や機能が変化しても、同じ役割を持ったままなら、それはイノベーションとは呼べません。

　ですので、よく目にする「〇〇界にイノベーションを巻き起こす」というような表現は、業界に縛られてしまっている以上、役割の変化が伴っていないことがほとんどなので、本来は成り立ちにくい表現です。その業界の存在自体を問うようなレベルであれ

ば、それは〇〇業界にイノベーションが巻き起きているといえます。

・**刷新（パラダイムシフト）**
　それまでの常識が新しい常識に刷新されてしまう状態を指す言葉です。
　イノベーションによって生まれた新しい役割が、一般常識として定着し、旧来の何かが役割を終えます。これによって、世の中の常識が一変してしまったというレベルの変化だととらえればいいでしょう。

　革新（イノベーション）と、その拡大による常識の刷新（パラダイムシフト）が豊かな未来をつくる。それこそがデザインの目指す最終地点といってもいいでしょう。単なる新しいものや、変更、改善は、創造ではありません。デザインとしても成立しないのです。

パラダイムシフトには匂いがある

　じつは、パラダイムシフトには独特の匂いがあります。
　もちろん言葉で説明できるものではありません。しかし、その匂いを嗅ぎ分ける嗅覚を持てば、認識できるようになります。嗅覚がなければ一生わからないともいえますが、訓練次第でその嗅覚を手に入れることは可能です。
　パラダイムシフトの匂いとは、鬱屈、衰退、自由、歓喜、発展、希望、そして納得感といった感情が混じり合ったようなものです。

あらゆる時代において、旧来の常識にとらわれ、衰退するなかで苦しみ、鬱屈している人々は存在しています。そこに、それらを刷新する新しい常識が生まれると、人々は、自由と発展につながる大きな希望を見出し、熱狂します。

この感情と熱量の匂いが、パラダイムシフトの際には必ず確認できるのです。

こうした、パラダイムシフトにつながるような感情と熱量を事前に察知できれば、意図的にパラダイムシフトを起こすことが可能だともいえるでしょう。

わたしたち人類は、これまで数え切れないほどのパラダイムシフトを経験してきました。その世の中を一変させてきたモノゴトのほとんどは、このパラダイムシフトにつながる匂いを誰かがいち早く察知し、正しくつなげていった結果、生まれたものなのです。

つまり、その歴史を読み解き、感情と熱量の匂いを確認することで、パラダイムシフトを嗅ぎ分ける嗅覚は鍛えることができます。

パラダイムシフトの嗅覚を鍛える歴史の掘り下げ

パラダイムシフトの匂いを嗅ぎ分けるには、あるテーマと目的を持った上での歴史の掘り下げが必要です。少し詳しく解説しておきましょう。

・掘り下げるテーマを絞る

テーマとは「対象を絞る」ことです。

ここでは「日本の歴史」というような漠然としたものではなく「日本の○○の歴史」という形で絞り込むのがポイントです。たとえば、政治、教育、音楽、食、映画のように、できるだけ対象を明確にするほど、そこで生じたパラダイムシフトの匂いも明確になります。

・結果を実際に利用する

歴史をきちんと掘り下げるには、あなた自身のモチベーションが欠かせません。過去のパラダイムシフトを経験した人たちと同じような感情を持てなければ、匂いは嗅ぎ取れないのです。

同時に、掘り下げた結果を応用する環境も必要です。見つけた匂いを自分の創造計画に反映し、実践することで結果を得られるという環境があれば、モチベーションの源泉になるでしょう。実践することで試行錯誤も可能になり、嗅ぎ分ける能力をより高めることができます。

なお、補足しておきますと、単に嗅ぎ分ける能力を鍛えることが目的であれば、対象テーマは必ずしも仕事と直結している必要はありません。音楽、アート、ファッション、スポーツといった、趣味の領域であっても構わないでしょう。気をつけるべきは、考察を経たうえで何かしらのアウトプットにつなげられるテーマにする、という点です。

私事になりますが、わたしは15年ほど前、自分たちで立ち上げ

た、ウェブサイトの構築をする会社でデザイン関連の仕事をしながら、メジャーレコード会社と専属契約をし、音楽家として活動していた時期があります。ですから、音楽の歴史を掘り下げることは、自分の死活問題に直結する取り組みでした。

音楽も、創造行為を伴います。行き詰まったときは、必ず常識のフタが影響していました。多くの人々の感情を揺さぶる音楽を生み出すには、自分のこだわりを無闇に押し付けることからも脱却し、共感を生み出さなければなりません。

そのために、音楽の歴史を学び、パラダイムシフトを理解し、それを応用することが必要であると学んだのです。

その経験からいえるのは、一度身につけたパラダイムシフトの嗅覚は、ジャンルを超え、あらゆるプロジェクトのデザイン活動に応用できる感覚になる、ということでした。

近代デザインにおいても、過去の情報を集めることの重要性は強調されています。先に紹介したビュールの創造工学でも、手持ちの事実と、他者の事実である歴史を、比較、想像、統合し、理想化してくことが創造につながるとしています。

いずれにせよ、強い興味関心を持ってパラダイムシフトの歴史を掘り下げ、その成果をアウトプットによって自分のものにしていくという経験は、デザインの場で何かを掘り下げる際に役に立つ、創造力の基礎を育むといえます。

歴史の掘り下げ、参考例

　実際にやってみるとわかりますが、強い興味・関心を持ち、モチベーションを保ちながら歴史を掘り下げ続けるのは、なかなか難しいものです。

　継続するために重要なのは、やはりテーマに対する使命感ともいえるような強い想いです。仕事に関わるテーマに強い想いが持てない方には、「音楽」「映画」「機械式腕時計」の3つをお勧めします。これらのテーマはわたしが実際に掘り下げ、仕事に活用してきたもので、次のような共通点があり、パラダイムシフトの嗅覚を鍛えるにはうってつけの対象です。

- 産業革命以降も工場で大量に機械生産されていない
- 実物を手に入れやすく、歴史もたどりやすい
- つくるための教育や訓練が確立されており、説明できる
- 限られた分野ではあるが、明確なパラダイムシフトが何度もあった
- 時代の社会背景と強くリンクしている

　評論家や学者になることを目指すわけではありませんので、この掘り下げ作業は、その内容を細かく暗記することが主眼ではありません。現在の世界を形づくっているモノゴトや価値観の本質を見極めることが目的です。掘り下げていくうちに、それが見えるようになり、世界の見えかたが多少なりとも変わってくるはずです。その段階まで進めば、知的好奇心が刺激され、興味関心も

さらに高まるでしょう。

ページ数の関係もあるので、3つのなかから「音楽」を取り上げて、掘り下げの参考例を、雑談も少し交えながらご紹介させていただきたいと思います。

歴史を掘り下げる参考例「音楽・エレキギター」

デザインと音楽は、高い専門性が必要という点と、社会の背景にある「コト」を意識しなければ生み出せない、という点で似通っています。こうした類似点と、モノであるエレキギターを結び付けるという参考例です。

音楽には、音階をはじめとした明確なルールがあります。ルールを間違えれば、一般的な音楽としては成り立ちません。こうしたルールを理解していなければ、応用もできず、単なる劣化コピーか、聴くに耐えない曲や演奏しか生み出せないでしょう。

その一方で、ルールに縛られるからこそ、創意工夫と大胆な表現が強く求められる世界でもあります。同じコードでも、リズム感やニュアンス、演奏法などの組み合わせで、生まれる楽曲はまったく異なってきます。

ところが、アマチュアミュージシャンの多くが、基本ともいえるルールの理解を飛ばして、いきなり応用から始めてしまいます。

正直にいえば、わたし自身も20代後半になるまでその1人でした。自覚できたのは30歳を目前にしたころです。時間切れのアラ

ームが脳内に響き渡る歳になって、やっと基本の大切さが理解でき、何とかアマチュアを卒業し、メジャーミュージシャンの末席に座ることができました。

　音楽を通じて、基本を疎かにすることがいかに無益で、危険な行為であるかを身に染みて学んだのです。

　スタイル、ジャンル、ルーツ、コード展開や演奏方法の発展、ヒット曲の歴史などなど、音楽には基本となる背景が非常にたくさんあります。歴史を学び、こうした基本を理解すれば、本質が見えてくるようになり、自分のつくる楽曲を一気に変えることができるのです。もちろんリスナーとしての耳も変わります。以前は聞こえなかった音が聞こえることもあり、まるで別の作品になってしまうのです。

　こうした前提のもと、モノであるエレキギターとその歴史に目を向けてみます。

　純粋なエレキギター（ソリッドギター）が世に出たのは1950年のことです。レコード盤（バイナル）やラジオが普及し、ライブが中心だったジャズやブルースといった音楽が一気に家庭に広まり、大衆化した時期でした。それまで少人数を相手に演奏されていた音楽が、もっと広い舞台へと飛び出し始めていたのです。

　大衆化によって大きくなったライブの需要に応えるには、当然大きな会場が必要です。ところが、当時主流だったアコースティックギターの音をマイクが上手く拾えず、観客の歓声に演奏がか

き消されてしまう、という不具合が起こっていました。

　また、当時はカウンターカルチャー(若者による、上品な白人家庭が持つ価値観への反発)の盛り上がりにより、大衆がどんどん刺激の強い音楽を求めるようになっていた状況にもありました。この意味でも、大きな音で大衆を満足させる楽器が必要だったのです。

　こうした時代背景がコトであり、問題、課題、必要性にあたります。

　このことに気づいたのが、ミュージシャン向けのアンプ製造をしていたアメリカのラジオ機械工、レオ・フェンダー(Leo Fender)でした。彼はさまざまな要望や課題を整理し、まったく新しい発想でそれらを解決するプロダクトを開発します。それがテレキャスターというエレキギターでした。

　それまでのギターは、昔ながらのアコースティックギター(薄い板を貼り合わせて、内部の空洞で弦の音を増幅させて鳴らすギター)に手を加えるのが大前提でした。ところがレオ・フェンダーがつくったのは、共鳴させる空洞がなく、生の音が出ない「ソリッドギター」でした。ソリッドギターは、弦の振動を電気信号に変え、アンプによって増幅させて、スピーカーから音を出す、という仕組みです。そのため、弦の振動を拾う

レオ・フェンダー　(1909〜1991年) アメリカの楽器メーカー「フェンダー」の創業者であり、ソリッドボディのエレキギターを発明したエンジニア。自身は楽器が弾けなかったが、ミュージシャンに徹底的にインタビューを繰り返し、エンジニアの目線でエレキギターを開発しただけでなく、その革新的な楽器を通じて、音楽そのものを変えてしまった。Photo: Bob Perine

ために、マイクやラジオなどでつかう電気部品が組み込まれていました。

　テレキャスターは「弦の音を空洞で鳴らすものがギター」という常識にとらわれていた他社には、決してつくれないものだったといえます。そもそも楽器を弾くことすらできなかったエンジニアのフェンダーだからこそ、まったく違う発想ができたのかもしれません。彼はギターを「再発明」したのです。
　エンジニアらしさは、そのムダのない仕様化された構造にもあらわれています。従来のギターが分解できないのに対し、テレキャスターはバラバラに分解したり組み立て直したりが、簡単にできるようになっています。生産効率やメンテナンスにも配慮がされていたのです。

フェンダー　テレキャスター(Fender Telecaster)　1950年発売開始。空洞機構を排し、ピックアップと呼ばれるマイクで弦の振動を拾う。工場の組み立てスタッフが、簡単にすべての部品を分解、再組み立てできるようになっており、生産性やメンテナンスという面でも非常に画期的であった。まさに、実用性と生産効率、そして文化への影響を合理的に融和させた、近代デザインのアプローチによって生まれたプロダクトである。

1954年には発展型としてストラトキャスターを発表します。この２つのプロダクトで、エレキギターの基本は確立してしまいました。

フェンダー　ストラトキャスター（Fender Stratocaster）　1954年発売開始。テレキャスターの合理性をさらに発展させ、より交換が容易なピックガード、演奏の幅を広げるトレモロアームや3点ピックアップなどを組み込み、この時点でエレキギターの最終形が完成してしまった。

レオ・フェンダーは色や形といった見た目を考慮するデザイナーではありません。そのため、テレキャスターとストラトキャスターの形状は、必要性だけをひたすら突き詰め、ムダを排除することで成り立っています。しかし、自然に生まれたその姿は、「形態は機能に従う」というデザインの本質を体現するものとして、今でも高く評価されています。まさに究極の機能美といえます。

実際、21世紀の現在に至るまで販売し続けられていますが、ほとんど形状に変化がありません。変化の余地がないほどの合理的な機能美を持っていたのです。

競合であったギブソンが直後に発表したソリッドギター、レス・ポールと合わせ、現在存在するソリッド型のエレキギターのほぼすべてが、この3本のプロダクトのアレンジバージョンであるといってもいいでしょう。

ギブソン　レス・ポール（Gibson Les Paul）　1952年発売開始。フェンダーのテレキャスターに押されるように、当時最大手のギブソン社が開発したソリッド型エレキギター。レオ・フェンダーとエレキギターの構想を練っていたギタリストのレス・ポールと共同開発し、その名を冠するモデルとして発売された。空洞こそ排したものの、伝統的なギター作りを残しており、パーツの分解が困難であったり、ペグ（弦巻き機）がアコースティックギターと同じものであったりするほか、ボディの形状もアコースティックギターの延長だった。こうした部分が、エンジニアの発想であったフェンダーと、楽器メーカーであったギブソンの大きな違いとして見て取れる。

　テレキャスターとストラトキャスターは、まさに完璧なデザインによって音楽そのものを変え、そこで発生したさまざまな価値観は、音楽のありかたを変えるほどのパラダイムシフトを起こしました。まさに20世紀を代表するプロダクトなのです。

専門能力と1万時間

**専門的な能力を身につけるには
1万時間取り組む必要がある**

　ほとんどの能力や技能で「専門家」といえるレベルになるには、最低でも1万時間取り組むことが必要だといわれています。
　わたしの実感も同様です。実社会で通用するレベルに達するのは、だいたいの場合約1万時間程度は必要だと思います。
　では、トータル1万時間とはどのくらいの期間なのでしょう。
　計算するとこうなります。

- 1日4時間＝約7年
- 1日8時間＝約3年半
- 1日12時間＝約2年

- 平日に4時間＝約10年（仕事の場合に多い）
- 土日祝日に8時間＝約10年半（趣味の場合に多い）

　1日12時間というのは、事実上、起きている時間のほとんどを能力アップに費やすケースといえます。つまり専門家になるための理論上の最短期間は2年ということです。

ただ、注意したいのは、ここでカウントされるのは、能力向上を意識した状態で集中して取り組んでいる時間のみだという点です。「毎日12時間、音楽が聴こえる場所に２年いれば、ミュージシャンになれる」ということはありません。意識して訓練し続けていなければ意味がないのです。

　ちなみに、人間は２時間以上続けて集中することは困難だとされています。２時間経つと集中力は自然に途切れてしまい、再び集中した状態に戻るのは最低30分かかるそうです。

　つまり「８時間がっつり仕事をした」と思っていても、そのうち本当に集中できているのは４時間あるかどうかというのが実態でしょう。ですから、仕事で専門的な能力を身につけるのには、最低10年かかると考えるのが妥当です。

　先進諸国の大学では、インターンや研究を通じて、１万時間にかなり近い学びを実現できる環境をつくっています。専門的な能力を身につけていることが卒業資格の前提になっているからです。そのため、こうした大学では入学するよりも卒業するほうがたいへんで、何年も大学に通う人は少なくありません。しかし、社会に出るときには、すでに専門家としての能力を身につけているわけです。

　しかし、日本では医大を除けば「１万時間取り組む」という機会が用意されることはほとんどありません。大学はある程度の知識さえ覚えれば、たいてい４年で卒業できます。彼らはまだ専門家ではありませんから、企業が給料を払いながら、実社会でさらに学ばせ直して能力を高めている状況です。

専門的な能力が身につくまでに1万時間の努力が必要なのは、デザインも同じです。専門家レベル、つまりプロとして対価を支払うに値するレベルのデザイナーになるには、高校や大学、専門学校、現場経験などによって1万時間の訓練を経て、最低限の能力を身につけていなければなりません。

　命を預かる医師なら「簡単になれるものではない」と誰でもすぐに納得していただけるでしょう。ところが、デザイナーの場合は「センスと絵心」でどうにかなると自他ともに勘違いし、社会人になってからデザイナーを目指すケースが少なくありません。しかし、これは野球の経験がない人が、大学を卒業してから「メジャーリーガーを目指す」といっているのと同じです。

　もし社会に出てから、プロとしてやっていけるだけのデザイン能力を身につけようとしたら、土日や終業後、正しい学び方でストイックに取り組んだとしても、最低10年はかかるでしょう。

　そして、1万時間はただのスタートラインです。

　プロの世界は、1万時間以降に加わる何万時間の経験と学びとで成り立っています。デザインという専門能力を身につけるのは簡単ではないのです。

1万時間取り組むか、プロと連携するか

　もしかしたら「1万時間がスタートライン」と聞いて、絶望的な気持ちになった方もおられるかもしれません。

　しかし、みなさんの多くはプロのデザイナーになろうとしてい

るわけではないはずです。デザインを仕事に活かしたい、ということであれば、デザインの概念を正しく理解し、創造的思考ができるだけで充分です。ここまでご説明してきたように、それは日常的に訓練すれば身につけることが可能なものです。

　創造的思考のスタートラインに立っているメンバーと、コンダクター(指揮者)としてのプロのデザイナーが一緒になれば、本質的な意味での「デザインプロジェクト」を成立させることができます。
　また、デザインを正しく理解し、創造的思考を身につけることで、プロジェクトにふさわしいプロのデザイナーを選べるようになるでしょう。

本物に触れる

本物と劣化コピー

世の中には「天才」と呼ばれる人たちがいます。天才とは、本来は生まれ持った超人的な能力（天賦の才）を指す言葉ですが、超人でないのに「天才的」な人も大勢います。

たとえばイチロー、ピカソ、アインシュタイン、スティーブ・ジョブズなどは、よく天才と冠される人物の代表例です。しかし、彼らはいずれも天才というよりも、ずば抜けた努力家と呼ぶべき人々です。

共通するのは、常人よりも大きな興味・関心を持ち、ストイックにそれに取り組み、本質を見極めようとしながら試行錯誤を繰り返し、日々背水の陣で活動するところです。つまり彼らはみな「ずば抜けた努力」を続けた末に「ずば抜けた能力と結果」を実現した人たちだといえます。

ピカソの有名な逸話をご存知でしょうか。

ある女性が、サインを求めるような感覚で手持ちの紙切れをピカソに差し出したそうです。

「何か絵を描いて欲しい」

ピカソは快くサッと絵を描いたそうです。そして渡すときにこういったのです。

「その絵の値段は100万ドルだよ」
驚いた女性は、こういいました。
「30秒で描いたこんな小さな絵が100万ドルなんておかしい」
するとピカソはこう答えたそうです。
「そうじゃない。この絵は30年と30秒かかって描かれたんだよ」

　これは、彼らの努力を上手く表現したエピソードだといえます。たしかに、その絵は30年にわたる不断の努力によって得られた能力があって、初めて描けるものです。重要なのは、描いた時間ではなく、描けるようになるまでの時間が重要だととらえているからこその言葉だといえるでしょう。イチローの記録、アインシュタインの発見、ジョブズのプロダクトも同じです。重要なのは結果ではなく、そこに至るまでの時間なのです。

　彼らだけではなく、こうした努力のうえで何かを築いてきた人々は、努力の時間を省き、表面的な写し取りをする行為を強く否定します。そして、誰もが努力さえ惜しまなければ素晴らしい能力を身につけ、素晴らしい結果を生み出せるということを発信しています。誰よりも興味を持って努力したことで、表面的な部分だけを写し取る「劣化コピー」が、人間社会を衰退させる罪悪であると認識していたからでしょう。

　近年、そうした安易な劣化コピーを「パクリ」「文化の搾取」と呼んで糾弾し、タブー扱いする声が高まりつつあります。
　IT革命によって産業都合の一方的な情報に惑わされなくなった

結果、努力によって生み出された本物の必要性を、多くの人が重要視し始めたのではないでしょうか。

本物に触れると、モノゴトの本質が理解できる

表面的な写し取りをしただけの劣化コピーが世の中に蔓延すると、それを常識として受け入れる人が増えます。すると、本質の部分がどんどん埋もれて、やがて見えなくなってしまいます。

産業革命後に起きた世界的な大混迷は、まさにその恐ろしさを示す歴史的な教訓だといえるでしょう。生活上、まったく役に立たない装飾や機能を持つ製品が、いい加減な製造環境で量産されるようになると、それが社会のスタンダードになってしまうのです。衰退はモノだけに留まりません。製品に紐付いたコトにも悪影響を及ぼし、文明文化の本質部分がガラガラと崩壊していくのです。

本質が崩壊すると「そのモノは、何のために存在しているのか」「そのモノをつかうコトが、なぜおこなわれているのか」を理解できなくなります。するとモノゴトは形骸化し、興味・関心はさらに急激に失われていくという負のスパイラルに陥っていくでしょう。

わたしは、失われた30年を経た日本で、まさにこの状態が起きているのではないかと危惧しています。新しいモノゴトを創造できなくなった日本では、あらゆるものが劣化コピーで埋め尽くされるようになっているからです。

もちろんジョナサン・アイブのいうように「世の中のほとんどのものは、いい加減にデザインされている」のであり、これは日本に限った現象ではありません。しかし、日本ではこの傾向が強いように思います。

　これを防ぐためには、劣化コピーではなく、本物に触れる機会を増やす必要があります。

　つい最近、京都の老舗企業十数社にご協力いただき、実証実験をおこないました。目的は、何の知識も訓練もない人が、創造的思考を発揮できるのかを確認するためのものでした。約３週間にわたって「新しいモノゴトの創発活動」をおこないましたが、結果として、新しいモノゴトは生まれませんでした。

　しかし、答え合わせ思考が強かった参加者のみなさんが、常識のフタを外し始め、モノゴトの本質部分に向き合うようになる、という思考の変化は確認できました。実験は一定の成果を収めたわけですが、そのとき、ある企業の社長が「本物」に通じるお話をしてくださったのです。こんな内容でした。

> 「最近の人はモノゴトを意識しなくなった。だから、毎日の生活にある些細なコトにも価値を感じられないのだと思います。たとえば、使い捨ての割り箸や、壊れても気にならない100円均一のお皿で食べ物を食べる人がいますが、これでは、食事の本質やありがたみは意識できないでしょう。
> 　もし、職人が、つかう人のことを真剣に考え、手間暇をかけてつくった箸やお皿をつかえばどうですか。その箸や皿は

それなりの値段になります。だからこそ選ぶときから真剣に向き合い、選んだものへの愛着は大きくなるはずです。

　自分が心を込めて選び、職人が心を込めてつくった上質な道具をつかえば、盛り付け、配膳はもとより、料理を口に運ぶときや、食べ終わってから洗うときにも、食事というモノゴトを意識し続けることができます。それは食事のありがたみや楽しみを感じることにつながるのではないでしょうか。

　値段の高いモノは贅沢で、まるで悪いことのように感じる人もいます。しかしモノゴトのありがたみや楽しみを感じ、それを大切できるということは、むしろ人として大切なことだと感じます」

非常に印象に残ったお話でした。
この話で登場する食器は、まさに「本物」といえるものです。
わたしは以前から「本物に触れる」ことで、本質的ではないモノゴトや劣化コピーで失われた価値観や興味関心は取り戻せるのではないか、と考えていたので、このお話を聞いて深く納得しました。

　本物には、モノゴトの本質を理解させる力があります。
　正しくデザインされた本物に触れ、大切にすることでモノゴトの劣化や形骸化に巻き込まれないようになります。
　そして、努力や創意工夫を感じ取れる本物に触れる機会を増やすことは、創造力を養ううえでもたいへん有効です。

身近にある本物

「本物」は意外と身近に存在します。

できるだけ多くの本物を知り、触れ、つかい、その役割について考え、敬意を持つことで、モノゴトの本質をつかむ力は自然と養われていきます。そして、デザインに必要である、本物を見分けるための「目利き力」も高まっていきます。

参考までに、身近にある本物の例を紹介しておきましょう。

・エレキギター

楽器、とくにギターに興味がある方でしたら、先ほど触れたエレキギターは「本物」の良いサンプルになります。エレキギターの歴史や本質に触れるには、やはりオリジナルであるテレキャスター、ストラトキャスターの上位モデルに触れ、できれば分解してみてください。なぜそうなっているのかを知ることで、「機能美」の本質を感じ取ることができるはずです。

理想としては1954〜1965年のラッカー仕様モデルに触れることをお勧めしますが、ヴィンテージ品は目玉の飛び出るくらいの値段なので、フェンダーカスタムショップなどで現行品の上位モデルを選んでもいいでしょう。

ちなみにベースであれば、同時期に開発された、プレシジョンベースやジャズベースでもよいかと思います。

・機械式腕時計

もしあなたが数万円のクォーツ時計しか着けない、もしくはス

マホで充分と思われているようであれば、高級機械式腕時計に触れてみるのもよいでしょう。機械式腕時計はスイス、ドイツ、アメリカ、日本の４カ国でほぼ成り立っている業界ですが、日本の腕時計製造技術は依然として高いレベルにあり、とりわけセイコーの加工技術や精度は高い評価を得ています。

たとえばセイコーの最上位ブランドであるグランドセイコーや、今はなきキングセイコーを手にとると、本物ならではの質感を感じることができます。機械式時計といえばムーブメント（駆動する機械部分）が注目されますが、外装だけでも充分です。歪みがなくエッジの立った仕上げを実現するザラツ研磨や、文字盤や針の精密さ、剛性の高さなどを感じるだけでも、その圧倒的な精巧さに本物を感じ取ることができるでしょう。

グランドセイコー 「屏風」や「障子」などの直線と面の構造や、光の変化をとらえるという和の様式を取り入れた、世界的にもユニークな「セイコースタイル」という外見を持つ。あからさまではない外観、ザラツ研磨技術による歪みのない繊細な仕上げ、文字盤に自然の意匠を取り入れるなど、日本の本物を充分に感じてもらえるはず。左：SBGJ201、右：SBGR261。

他のブランドにも高い精度で仕上げられているものがたくさん

ありますが、良い意味での日本らしさを体現した腕時計ですので、着用をお勧めします。

　時計というのは産業革命の象徴的な存在でもあり、日本の文明開化においても重要な役割を果たしました。こういった歴史と伝統があるという点でも、「本物」の良いサンプルといえます。

　世の中には他にも、数多くの本物があります。

　本物をデザインするには、相応の時間がかかります。そのため、デザインされていないものより、多くの場合、高価です。しかし、京都の例のように、本物を日常に取り入れることで生活を意識し、モノゴトのありがたみや本質を感じることができます。そこが理解できれば、効果があることも納得できるでしょう。

　何でも構いませんので、常に「本物」に触れられる環境をつくってみてください。高価な買い物になったとしても、度を超えなければ、それはムダな買い物ではありません。もちろん悪い意味での贅沢でもありません。

　本物は、ただ消費し、無価値に流れていく生活を変えます。

　そして、モノゴトの価値や本質を意識させ、コトに対するありがたさや喜びを実感できる触媒になるでしょう。

　こういった本質を見極められるようになることが、デザインという創造計画にとっては大切な要素なのです。

あとがき

　わたしが本書でお伝えしたかったのは、「答え合わせ思考」から脱却し、「創造的思考」を持つことで、誰もが素晴らしい未来をデザインできるようになる、ということでした。

　人間社会の発展を阻害している問題に対し、誰かの答えを探し求めるのではなく、自分なりの解を求め、その解が合理的に機能するよう試行錯誤を繰り返していくことが、デザインの本質です。ぜひ、この本に書かれていることを応用してください。暗記したり、そのまま鵜呑みにせず、自分なりの解を求めるために活用してください。

　応用はときとして表面的なものになりがちです。本質さえおさえていれば、それはいずれデザインとして成立するでしょう。しかし、表面的で本質を外れたものは、デザインにはなり得ません。

本質をおさえているのがデザイン

本質に向き合い、情熱を持って創造活動に取り組んでください。それが、我々の社会の成長と発展、つまり、豊かで幸せな社会をつくる重要な要素となりうるはずです。

　わたしは20代のときに立ち上げた会社で、パートナーに「君が将来やりたい仕事は何か？」と問われた際、「誰もできないこと、他人がやっていないことをする」と答えました。もちろん「それは答えになってないよ」と苦笑いされました。
　しかし、決して間違った回答でもなかったように思います。だれも解決できていない問題を見つけ出し、だれもやっていない方法で解決する仕事をすることが、わたしの役割だと思っていたからであり、それは、まさにデザインの姿勢でした。
　幼いころから現在に至るまで、わたしはデザイナーとして社会に貢献し、まだ見ぬ素晴らしい未来を生きたかったのです。

　子どものころから何かをつくるのが好きで、10歳そこそこで当時は珍しかったパソコンを買い、BASICをつかって音楽をつくり始めました。同時に、水彩画を描き始め、アシモフやハインラインなどのSF小説を読みあさっていました。そうしたなかで得られた「自分なりの解を持って、素晴らしい未来を創りたい」という情熱は、未だにわたしの仕事のなかに生きています。
　また、一家離散、近隣や学校でのいじめ、持ち前の頭の悪さなどもあり、いつも不合理に囲まれていました。こうしたあまり幸せな子ども時代ではなかったことも、素晴らしい未来や、変化にこだわるデザイン的な気質を育んだのかもしれません。

あとがき

同じように、日本人は失われた30年のなかで貴重な学びを得てきたように思います。少子高齢化、いくら頑張ってもイノベーションの起きない現状、身のまわりにある不条理で納得のいかない制度や価値観のギャップなど、社会のあらゆる場面で閉塞感が漂っていることは否めません。

　しかし、創造力とデザインはそれを解決できます。
　答え合わせにとらわれず、デザインの本質を認知していれば、誰もが役割を持って、未来づくりという「創造計画」に参加することができます。
　未来づくりの取り組みは、みなさんの仕事や自分自身に価値を見出し、大きな喜びを与えてくれることでしょう。誰かのつくった生活や人生を生きるのではなく、自分自身で創った人生を生きるということに、他ならないからです。

　今、日本という個性的で創造的な環境で生きる我々は、新しい世の中を創造していくことができるチャンスの時期にいます。
　この本がそのチャンスを活かすためのヒントになればと願っています。
　創造的思考を手に入れたみなさんと、デザインの現場でお会いできることを楽しみにしています。

　2019年11月

　　　　　　　　　　　　　　　　　　　　　　　　　　天野晴久

天野晴久（あまの はるひさ）

テックファーム株式会社（JASDAQ上場）
エグゼクティブプロデューサー／情報デザインスペシャリスト。
1975年東京都生まれ。本郷高校デザイン科、東海大学教養学部卒。
デザイン、教育、美術学を専攻。
卒業後は、大日本印刷、プレシーズ、WEBサイト制作会社の起業、
サイバードのインキュベーションマネジャーなどを経て、
テックファームにてデザイン事業と部門を立ち上げる。
NTTグループをはじめとした大手上場企業を中心に、
情報デザイン、サービスデザイン、UIデザイン、デザイン思考などを活用し、
ソリューション改善や事業創発支援をおこなっている。
2013年には立命館大学映像学部にて情報デザインの講義を担当した。

創造力とデザインの心得

5年後の"必要"をつくる、正しいビジネスの創造計画

2019年12月10日　初版発行

著　者　天野晴久
発行者　佐藤俊彦
発行所　株式会社ワニ・プラス
　　　　〒150-8482　東京都渋谷区恵比寿4-4-9　えびす大黒ビル7F
　　　　電話　03-5449-2171（編集）
発売元　株式会社ワニブックス
　　　　〒150-8482　東京都渋谷区恵比寿4-4-9　えびす大黒ビル
　　　　電話　03-5449-2711（代表）

装丁　吉田考宏
イラストレーション　鈴木順幸
編集協力　古田靖

印刷・製本所　中央精版印刷株式会社

本書の無断転写・複製・転載・公衆送信を禁じます。
落丁・乱丁本は㈱ワニブックス宛てにお送りください。送料小社負担にてお取り替えいたします。
ただし、古書店等で購入したものに関してはお取り替えできません。

© Haruhisa Amano 2019　Printed in Japan
ISBN 978-4-8470-9844-4

ワニブックスHP　https://www.wani.co.jp